LES TERRES ANIMALES

Né en 1965 en Lorraine dans une famille de cheminots, Laurent Petitmangin passe ses vingt premières années à Metz, puis quitte sa ville natale pour faire ses études à Lyon. Il entre chez Air France, société pour laquelle il travaille encore aujourd'hui. Grand lecteur, il écrit depuis une dizaine d'années. *Ce qu'il faut de nuit*, son premier roman, a rencontré un fort succès et lui a valu l'attribution de plus de vingt-cinq prix littéraires dont le prix Femina des lycéens, le Prix Libr'à nous, le Grand Prix du premier roman, le prix Stanislas, le prix ENS-Saclay, le Prix du barreau de Marseille, le Prix des lecteurs des bibliothèques de la ville de Paris, le prix Georges-Brassens et le Prix des lecteurs du Livre de Poche. *Les Terres animales* est son troisième roman.

Paru au Livre de Poche :

AINSI BERLIN
CE QU'IL FAUT DE NUIT

LAURENT PETITMANGIN

Les Terres animales

ROMAN

LA MANUFACTURE DE LIVRES

© La Manufacture de livres, 2023.
ISBN : 978-2-253-90766-4 – 1ʳᵉ publication LGF

On croit que c'est l'amour qui donne au monde tout son éclat : mais aussi le monde gonfle l'amour de ses richesses. L'amour était mort et voilà que la terre était encore là, intacte, avec ses chants secrets, ses odeurs, sa tendresse. Je me sentais émue comme le convalescent qui découvre que pendant ses fièvres le soleil ne s'est pas éteint.

Simone DE BEAUVOIR, *Les Mandarins*

FRED

Il faudrait dire le silence. Longtemps. Le silence qui éprend la crénelure des arbres. La fine dentelle de ceux-ci, bien détachée du ciel lavé, qui n'attend que le printemps pour s'enrichir et foisonner. Dans trois semaines, ces arbres seront magnifiques, débourrés d'un vert déjà strident ou encore tendre. Partout le renouveau. Partout un motif d'espoir. Pas ici.

Je marche, et je continue de me demander si je fais bien de poser mes pieds là, à cet endroit. Je cherche des traces de pas sur lesquels poser les miens, comme si c'était seulement miné. Comme si ça servait à quelque chose. Les pas d'avant n'ont pas tué la radioactivité, l'ont peut-être dispersée tout au plus, ça ne sert donc à rien, mais je le fais quand même. Il y a tellement de gestes qu'on fait et qui n'ont plus de sens. Arrivé à la maison, je prendrai

Les Terres animales

le temps de les décontaminer, ces chaussures, selon un protocole qui me pèse chaque jour davantage. Une demi-heure à brosser, dans le bon ordre, avec les ustensiles adéquats, sinon c'est mort, mieux vaut ne rien faire. Entrer dans une baraque en poussant la porte, se déchausser à la va-vite, à quoi ça ressemble bon Dieu ? Ça devait être simple. Je ne m'en souviens plus, les sas, les douches, les vestiaires ont pourri ma mémoire.

Le chemin est maintenant torsadé. Une empreinte, celle d'une roue monstrueuse, d'un engin d'un autre temps, une trace figée, déjà stratifiée, qu'aucune pluie, aucun déluge n'entamera jamais. Des crans profonds à s'en casser les chevilles. Aucune herbe n'ose y repousser. J'imagine cette roue, je cherche à gauche et à droite la trace parallèle, en vain, à croire que l'engin, monstre cyclope, ne reposait que sur elle. Qu'est-il venu faire ? Une mission vite repliée, quand il s'est dit qu'il était trop tard, ou bien trop tôt pour tenter quoi que ce soit. Et comme si on m'entendait, l'empreinte s'évanouit. Aucune trace de demi-tour ou d'une quelconque manœuvre, elle s'évanouit. Le chemin devient plus fin, ourlé sur ses bords, un chemin de village et de paix. Si je coupe à gauche, la maison n'est

Fred

plus loin. Une traversée courte et feuillue, un sacré raccourci, que je ne veux prendre. Ses hautes tiges sont toutes toxiques. Belles, mais profondément délétères. Cette nature, faut-il l'appeler encore ainsi, ne cesse de nous inviter au faux pas, comme s'il fallait nous épuiser un par un.

Alors je fais le détour. Une terre déjà empruntée, sans davantage de garanties. J'en suis à sauver ce qui peut être sauvé, à tenir le plus longtemps possible. J'accomplis tous ces gestes dérisoires, qu'on nous a dit de faire, un jour, comme un dernier testament, à nous, fous, qui restions, qui voulions rester. Ultime dédouanement des autorités. Et tous ces gestes qu'on s'est construits, rien de bien rationnel, rien de scientifique. Une intuition plutôt. Des gestes vite devenus superstitions, qui dureront tant que nous durerons. Une vie empesée à jamais, avec ses précautions, les compteurs Geiger qu'on promène inlassablement, un attirail qu'on aimerait jeter au diable, sans que personne s'y risque. Ailleurs, peut-être. Notre groupe, lui, garde cette discipline. Conscients que lâcher c'est tomber, on se promène avec masque, combinaison et compteur. Et on nettoie et on récure à chaque fois, les ongles coupés ras, chaque écorchure soigneusement protégée. Ne rien rapporter de cette vérole chez nous. J'imagine que dans la Grande Armée ou à Verdun, cela se passait ainsi. La certitude de ne pas y échapper. Mais on prenait soin de les nettoyer les croquenots, tant qu'à faire, que ç'ait un peu de gueule, vu d'en haut, vu d'ailleurs. Cette discipline miraculeuse quand tout part à vau-l'eau : preuve de notre plus grande humanité ? ou de notre infinie flétrissure ? Je n'en sais rien, je fais comme les grognards et les poilus, je frotte, je lustre. Je respecte les bains de décontamination, et dans le bon ordre. Enlever la terre, cette terre qui ne changera plus, ou dans des milliers d'années. Cette terre qui recouvre Vic.

Nous ne nous ressemblons pas. Bien sûr, pour les autres, ceux hors zone, nous sommes les mêmes. Mais c'est faux. Nos raisons, nos trajectoires sont différentes. Seules nos perspectives tendent peut-être à se rapprocher, à se fondre dans une même inconnue. Certains sont venus pour l'argent. Une folie, vite arrêtée, du gouvernement précédent qui avait cherché des personnes pour tenir l'endroit, des gardes forestiers en somme. Il y eut alors des gens pour effectuer ce travail payé grassement, même s'ils se doutaient qu'il n'y avait rien d'anodin à revenir un an après dans une zone qui avait vécu dix Fukushima. Certains pensèrent toucher le pactole, puis trouver un moyen de se barrer. On s'échappe toutefois difficilement de la zone. On peut demander, c'est possible, il y a des dossiers à remplir, de longues démarches qu'ils font durer à l'envi : personne n'est pressé de nous voir rappliquer dans la vraie vie, et si on n'est pas contagieux c'est tout comme. Un ou deux réussirent à sortir par les voies légales, ils rendirent le fric, et restèrent longtemps à l'isolement de l'autre côté, dans un camp. Le filet des sorties s'est tari depuis, on a compris, on n'insiste plus, et on se fait discrets.

On pourrait croire qu'il est facile de se sauver, la zone est immense, tout un massif. Immense, mais électrifiée sur tout son pourtour, et gardée. Par des hommes, et des drones qui nous survolent sans répit et collectent chaque jour l'intégralité de nos faits et gestes. On a essayé de les dézinguer ces putains de drones, mais ils sont plus vifs que des étourneaux. Et ils volent si haut. Il paraît qu'il y a des tirs automatiques, comme jadis à Berlin, je ne veux même pas y croire. De toute façon, ce n'est pas mon problème, je n'ai aucune envie de sortir, je suis là pour durer, aussi longtemps que mon corps le voudra. Je suis là pour aller voir Vic tous les jours, tôt le matin, ou en fin d'après-midi. J'ignore ce qu'elle préfère, si elle aime que je la surprenne ainsi. Je lui raconte ce qui se passe maintenant, cette végétation ragaillardie, les animaux plus nombreux, dont j'aimerais dire qu'ils sont différents, mais non, ils ressemblent à ceux qu'on a toujours connus, pas de patte en plus, peut-être crèvent-ils simplement plus tôt, peut-être les femelles ont-elles les ovaires défoncés, pourtant on en voit de plus en plus, de ces animaux. Ils se rassemblent le soir, ils chantent et crient ensemble, des sarabandes réjouissantes, que je raconte à Vic. J'entends son gazouillis, parfois.

Les chiens, c'est différent. Ils ont quitté le village. On entend leurs aboiements en bruit de fond, en marge. Des aboiements sempiternels, et de plus en plus sauvages. Eux aussi, on dirait qu'ils ont besoin de se rassembler, de faire meute, et quand on en voit un on se méfie, ils ont l'air prêts à tout, encore plus au bout de leur vie que nous. Lorna, qui a pas mal bourlingué, me dit que c'est ainsi dans certains bleds du tiers-monde.

Sarah ne va plus voir Vic. La dernière fois que nous y sommes allés ensemble, il y a longtemps, elle s'est agenouillée, et a raclé le sol. Je n'ai eu le temps de rien faire, juste observer ses mains pétrir la terre pour en garder une belle poignée. Une terre qui bruissait à cinq cents millisieverts, une raclure d'enfer, à lui pourrir les mains. J'ai crié : «Lâche, c'est dangereux ! — Laisse-moi », m'a-t-elle répondu, et elle a conservé cette terre jusqu'à la maison, comme si elle portait le feu, ou quelque chose d'aussi sacré. Un geste inutile comme nous en faisons peu, débile. Beau aussi. Ce n'est qu'après, bien après, que nous l'avons confinée, cette terre, plombée et coulée dans un bloc de béton qui reste dans l'âtre de notre cheminée. J'ai surveillé pendant de longues semaines les mains de Sarah, je n'y ai rien vu, comme si, pour cette fois seulement, nous étions quittes.

Nous vivons de peu, nos corps se sont habitués. Nous vivons comme l'humanité aurait dû vivre depuis longtemps, comme ces hommes, au Bangladesh ou ailleurs, qui le font bien, et montrent si peu de besoins. L'eau de pluie sauvée dans d'immenses cuves. Et nous avons quelques carrés où la terre n'est pas si mauvaise. Ces taux affoleraient partout ailleurs : ici, c'est raisonnable d'y faire pousser un peu de légumes, des herbes, et d'élever quelques poules qu'on cloisonne à mort, qu'elles n'aillent pas se gaver de saloperies. On s'est construit de petites serres qui protègent les plantes de l'air et de la terre. On a eu un débat sur les poules, leur vie horrible, claquemurées dans ces enclos ridicules. Un jour, on a ouvert les grilles. Elles ont eu l'air si affolées qu'on les a gardées.

Nos corps sont maigres, et ne se touchent plus, ou si mal. Avec Sarah, nous l'avons tous deux accepté. Quand je vois sur son bras le prénom tatoué de notre fille, je n'y arrive pas, et, si j'ignore ce qu'elle voit en moi, c'est tout aussi compliqué pour elle. On ne se touche plus, mais on s'aime encore.

Notre amour n'a plus rien des premières années. Toute sa surface est lessivée, salement lessivée. Et rien dans les jours qui s'abattent ne ramène la moindre légèreté qui pourrait faire notre bonheur. On s'aime encore, d'un amour assommé. Vitrifié. Deux grands brûlés. Qui partagent la même chambre.

Sarah passe son temps avec Marc. Cela ne me dérange pas. Il doit avoir des mots et peut-être des gestes que je n'ai plus. Je crois tout simplement qu'il vit plus fort, que tout ça pour lui n'est pas une simple attente. Il s'active chaque jour. Il construit, il retape. Il est charpentier de métier. Il déteste qu'on l'appelle comme ça – trop christique à son goût. Lui se définit comme un gars qui construit des baraques, et c'est vrai qu'il le fait plutôt bien. On n'est plus livrés en rien, aucun matériau n'arrive dans la zone, alors il prend sur la bête, dépiaute des bâtisses pour solidifier les nôtres, et notre communauté vit au sec grâce

Fred

à son talent. Il nous a bricolé réservoirs à eau, sas et antichambres, ces excroissances sans lesquelles on ne pourrait vivre, ou alors pas longtemps. Il se promène, installe son échelle sans rien demander à personne, vérifie un toit ou un chéneau, et commence à réparer, que de ce côté au moins ça ne parte pas en charpie. Son droit de regard. On ne le paye pas. On ne se paye pas dans notre communauté, on ne saurait comment dépenser nos sous.

Nous sommes une vingtaine, et plus loin, à quinze kilomètres, ils sont un peu moins. Des vieux sympas qui nous accueillent bien quand on vient les voir. Nous, on est les jeunes, dont cinq inséparables : Marc, sa femme Lorna, Alessandro, et nous deux. Ils ont été là au plus dur. Dans les tout premiers jours, ils se sont barricadés avec nous. Et se sont menottés aux grilles du portail face aux bleus venus nous déloger. On avait beau dire qu'on ne partirait pas sans notre fille, et donc qu'on ne partirait jamais, les flics ont insisté. D'abord avec les formes. Ils nous ont proposé de l'exhumer, de faire les choses proprement et l'enterrer hors zone. Le doute m'a saisi, plusieurs jours où ce qui me semblait impensable devenait intelligible, des moments où j'imaginais ma fille sous une nouvelle dalle, dans un nouveau cimetière, dans une terre fraîche et non pourrie, une terre d'accueil qui en valait bien une autre, certainement meilleure que celle qui la consumait, mais je regardais Sarah, et pour elle il n'y avait pas d'autre horizon possible, pas d'autre lumière. Elle connaissait le chemin du soleil au-dessus de Vic, quelle que soit la saison, et ce passage quotidien, même si elle n'allait plus l'observer, lui était nécessaire, bien plus vital que le reste. C'était là que le soleil passait, et nous ne bougerions pas. Malgré les psychologues qui ont expliqué longtemps et patiemment. Des gens rompus à ces discussions, des gentils, compréhensifs, pleins d'une émotion dont il était difficile de dire si elle était feinte. Puis des personnes plus assertives se sont présentées. J'imagine que c'était la séquence normale. Elles ont essayé de forcer la décision, elles savaient infléchir les choses, mais avec Sarah il n'y avait rien à infléchir, sa fille dormait sous cette terre, et ça fermait toute discussion.

Quand tous ont vu que les paroles ne servaient à rien, d'autres sont venus. Avec ce qu'il fallait pour nous déloger. Avec les trois autres, on est restés accrochés à notre grille plusieurs heures, le temps pour eux de trouver des cisailles, puis, sans savoir pourquoi – un appel ? une directive ? – ils ont plié les gaules. On a cru à un simple sursis. On l'a vécu comme tel, on l'a même fêté, belle soirée où Sarah était inondée d'émotions, violentes, contradictoires, des sursauts qu'elle n'arrivait à contenir, qu'elle souhaitait libérer, elle avait besoin de nous, de nos bras, qu'on mêle nos larmes et nos rires, besoin de boire aussi, et davantage certainement.

Dérisoire victoire, on s'est vite préparés à la deuxième salve. On a passé les semaines suivantes dans la peur de leur retour. On ne bougeait presque plus, un de nous toujours à proximité de la grille, prêt à s'y attacher. Avec un talkie, pour appeler à la rescousse. C'est à ce moment, je crois, que les trois autres ont décidé eux aussi qu'ils ne partiraient plus. Cette guerre a fini de les décider. *À la vie, à la mort.* Serment débile, qui nous tenait chaud tout de même. On a vécu l'enfer des jours et des jours, on a à peine dormi, et failli faire des conneries de sécurité. Dès qu'on entendait un bruit de moteur, on sortait comme des fous se lier à la grille, en oubliant nos protections. Puis on a compris que, là-haut, ils avaient laissé tomber l'affaire.

La vie a pu reprendre. Pas qu'on ait tant à faire, mais on a pu souffler un peu. Quand ils ont électrifié les frontières de la zone, il y a eu une dernière semonce. *Il était encore temps, après il serait trop tard.* Ils avaient refait le déplacement, je me souviens des uniformes impeccables qui luisaient au soleil comme pour un défilé. Ils étaient très peu protégés, leur hiérarchie déconnait à plein tube, dans cette zone leur attirail antiémeute ne les protégeait de rien. Leurs petits masques et leurs gants faisaient pitié. Je me souviens leur avoir gueulé de faire gaffe, qu'ils se morflaient chaque minute des quantités de merde qu'ils pleureraient toute leur vie. Ils ont à peine marqué le coup, pauvres gars, pas le choix, peut-être en parleraient-ils entre eux le soir, et ça râlerait alors un peu auprès des gradés. À cet instant, ils la bouclaient. Nous, debout face à eux, on s'était pris par les épaules, oscillant légèrement pour ne pas s'engluer au sol, enchaînés les uns aux autres, et chacun également attaché à notre lourde grille. Une équipe de rugby qui attend patiemment la fin du haka de l'adversaire, pas plus impressionnée que cela. On était calmes, et se tenir ainsi, faire ces petits pas sur nous-mêmes nous donnait une bonne énergie, nous empêchait de flancher malgré la fatigue, malgré l'envie terrible, si facile, tellement immédiate, de nous abandonner à leur force, et les laisser décider pour nous. Les gars en face n'ont pas senti toutes ces fissures qu'on n'osait avouer, et qui ne demandaient qu'à s'ouvrir, à toutes exploser une fois les premières craquées. Leur capitaine aurait dû voir cela, réaliser ce que nous ne voulions pas admettre. Seule Sarah, peut-être, était exempte du moindre doute.

Ils n'ont pas fait long feu, ils ont compris qu'ils n'étaient pas habillés pour la saison.

La vie s'est organisée. De la débrouillardise, des réquisitions sauvages, et du troc. Nous avons écumé tous les villages du coin, et il reste de quoi vivre pour des années. Les gens, en fuyant, ont laissé leurs meubles, leurs vêtements, des placards entiers de vivres et, pour les plus généreux, leurs bonnes bouteilles. Dans un geste idiot, on a d'abord eu du mal à les siffler, puis on s'est dit qu'ils n'en voudraient certainement plus, et qu'on n'était pas près de les revoir, tous ces gens. Nous avons des stocks d'épicerie, pris dans un supermarché, et si on n'est pas trop difficiles sur les dates de péremption on peut en vivre assez longtemps. *Quand on se gave de millisieverts, on mange aussi du cassoulet périmé.* Sentence de Lorna à Marc qui un jour faisait la fine bouche. Rien à redire.

Les Terres animales

Alessandro a établi l'inventaire, et s'est improvisé gérant des stocks. D'après ses calculs, on en a pour trois ans encore, et chaque semaine il prépare avec minutie notre panier. Il ajoute toujours une petite bricole pour nous faire plaisir. Quand il nous laisse entrer, on voit les rayons se dégarnir, en tout cas ceux qui nous intéressent. Le rayon des couches-culottes n'a pas bougé, et pour cause, il n'y a plus un bébé dans notre coin. On le garde, ce rayon puériculture, on a du mal à le toucher, ou à en faire quoi que ce soit, comme si on donnait un signal trop grand à la vie. C'est pourtant bon les petits pots, des desserts plutôt corrects, mais c'est difficile, trop chargé d'images. On a essayé une fois, une drôle d'impression, celle de s'en prendre aux bébés, et de les siphonner. Une anthropophagie qui nous a passé le goût des petites compotes. Pour les sucreries, c'est une autre histoire. Alessandro a dû nous calmer, elles partaient à vitesse grand V, on prétextait n'importe quoi, des virées dans le massif de plusieurs jours pour quémander des plaques de chocolat ou des bonbecs. *Ce n'est pas bon pour la santé* – premier argument d'Alessandro –, puis il s'est rendu compte de l'énormité de ce qu'il venait de dire, comme si on avait la moindre chance de crever un jour du diabète ou d'un infarctus. On sait avec qui on a rendez-vous. Un foutu crabe, lequel on ne sait pas trop, on n'a pas réellement de préférence. Nos artères, elles, sont largement débouchées, il n'y a rien à craindre de ce côté-là, je pense même qu'elles sont à vif, récurées, abrasées comme pas permis. Ce soir-là, on en a bien ri, on s'est empiffrés comme jamais, et le lendemain on s'est calmés, Alessandro avait raison, on allait le rationner comme le reste, ce chocolat.

Ils sont une douzaine, deux femmes seulement, le regard perdu. Je croyais que nous étions seuls dans le massif, mis à part le village des petits vieux. Ils viennent de quitter leur coin. Si j'ai bien compris leurs explications, avec les orages du dernier mois leur terre a remonté des tréfonds et ne leur a apporté aucun bien. Le sol qui s'était fait oublier a soudain rappelé que la contamination n'était pas une affaire d'années, mais de siècles. Et si on est vraiment honnête, de millénaires. «Tu sais, le compteur, il est monté très haut», me dit le plus vieux. Il se tient le ventre qu'il a gonflé. Il me regarde. Il attend ma réaction. Il souffre, semble à bout, ses yeux pourtant ne me quittent pas. Je n'arrive pas à articuler un traître mot, et Marc n'aide pas davantage. «Très haut», dit-il de nouveau, presque pour lui.

Les Terres animales

Les autres attendent patiemment, en couronne autour de lui. Ils ne nous perdent pas de vue. Pas méchamment, mais ça n'est pas agréable. Un drôle de chœur.

« On peut rester là ? » nous demande-t-il. Et il nous montre la maison sur la butte. Celle des Limbourg. Une grande bâtisse un peu maudite, que, gosses, nous évitions scrupuleusement. Déjà vidée avant l'explosion, des vitres cassées par les gamins du village, et peut-être par des plus grands, tant cette baraque ne nous revenait pas. On a fini de la dépecer pour arranger les nôtres. Personne n'en fera plus rien. Drôle d'idée de vouloir s'installer là-haut. Et curieusement, au lieu de faciliter notre accord, ça rend leur demande d'autant plus étrange.

Le vieux se tient le ventre. Je suis conscient qu'il faut qu'on réponde quelque chose, et vite. J'observe mieux le groupe. Les femmes épuisées par leur longue marche, et les autres, à peu près de notre génération. Je vois leurs armes. Des carabines, du matos qui doit dégommer recta son chevreuil à des kilomètres de portée. Ils peuvent nous emmerder. On s'est fondus dans ce pays, on s'est mis à l'os, on a trouvé de nouveaux sentiments, une nouvelle fraternité, mais je les imagine nous compliquer la vie, j'ai honte de penser cela, je voudrais pourtant que Marc propose quelque chose, qu'il trouve une sale excuse et leur dise d'aller plus loin.

On en est à se regarder, et on n'a toujours pas répondu à leur demande – comme s'ils avaient besoin de notre permission, la baraque des Limbourg n'est pas plus à nous qu'à eux –, quand un gars bouge. Ça prend une seconde, pas plus. Il a maintenant la carabine bien en main. Je me dis que ça part en cacahuète, qu'on a déconné dans les grandes largeurs. Il nous regarde, puis épaule à une vitesse hallucinante et dézingue un des drones qui nous survolaient depuis ce matin. L'engin part en miettes. Le gars dit : « Oups, a p'us le drone », et se marre comme un tordu. Marc me fixe et, sans attendre ma réaction, part d'un immense fou rire. J'embraye. On se rapproche, on se donne quelques bonnes accolades. On conclut l'affaire.

Ils s'installent bruyamment, en jetant pas mal de choses par les fenêtres. Un chantier monstrueux. Quelle est leur idée d'une baraque ? Pas la nôtre en tout cas. Ils virent presque tout, des bibelots, de la vaisselle crade, tout cela pourquoi pas. Puis continuent avec les meubles, des armoires, des bahuts.

En un sens, c'est organisé, ils sont plusieurs dedans qui passent les affaires par les fenêtres, et quatre autres qui vont tout brûler. Dans un silence total. Ils semblent se comprendre parfaitement, aucune hésitation sur ce qu'il convient de faire. C'est assez simple : jeter, brûler. Après les meubles lourds, ce sont les fauteuils, puis les chaises, bordel, comment vivent ces gens ? Un immense brasier, une suie d'enfer, mais là encore, on n'est plus à ça près.

Je crois qu'on comprend que ça ne se sera pas si facile.

Quand on s'enfonce dans le massif qui grimpe derrière nos maisons, quand après trois heures de marche on ne s'arrête pas à la première trouée qui ne fait que renvoyer sur notre vallée, quand on accepte de poursuivre encore quatre à cinq bonnes heures, suivant le temps et l'état de la sente, on arrive à un belvédère naturel, qui en raconte davantage sur là où nous vivons. On survole un territoire qui n'est que bleus, des bleus résineux, huilés, des trous bleus qui dévorent la lumière, des bleu horizon, des Prusse, des charron, parfois des ondées de bleu barbeau, qui semblent plus claires. En s'approchant, on verrait toutefois qu'il n'en est rien, que ce n'est qu'éphémère pensée, d'ailleurs le barbeau redevient vite plus sombre, se fond de nouveau au reste. Il faut beaucoup de temps pour comprendre les formes qui s'étalent à nos pieds, entendre là où sont failles, rivières, et ravines. Il faut du temps pour se défaire de cette masse, dense, dont on sent toutes les gorges, et tous les risques. La seule chose qui aide l'esprit à reprendre contenance, et à retrouver un semblant d'équilibre et de perspective, c'est tout au loin la vallée, et elle, au milieu de cette vallée.

Le nuage, deux ans après, n'a pas encore disparu. Le corium a beau être déjà en profondeur, c'est une mèche acérée qui transperce la terre sans jamais s'épuiser. Aussi puissante qu'à ses premières heures. Chacune de ses particules contient une énergie surhumaine, qu'on s'emploie à refroidir avec des engins de plus en plus gros, pourtant dérisoires. Chaque jour, le corium s'enfonce davantage, et échappe aux regards, le seul geste qu'il concède aux hommes et à leur pauvre matériel, sans rien perdre de ses attributs de Dieu : il demeure puissant, dense, bouillant, et aussi toxique, radioactif et corrosif.

Ce magma de combustible nucléaire, de métal et de minéraux s'agglomère dans sa longue traversée à tout ce qu'il peut digérer. Rien ne lui résiste à une température qui ne redescendra pas, malgré tous les efforts des hommes, à moins de trois mille degrés. Un volcan rentré, inversé, une force décuplée, qui ne cesse de cracher des vapeurs, pleines de résidus mortels, égaillées au gré des vents. Il faut les souhaiter très forts et entreprenants, ces vents, qu'ils emportent loin et longtemps les particules. Et que ces dernières dispersent leur foutue bonté, et n'abattent pas leurs mânes sur les mêmes hommes.

C'est une randonnée qu'on faisait souvent avec Sarah et Vic. Je savais à l'avance comment elle finirait : Vic épuisée que je serais vite obligé de porter, ainsi que le sac à dos avec le matos si jamais l'orage nous prenait, et les musettes de vivres. Vrai baudet, lesté de vingt kilos au moins, j'étais toutefois le plus heureux des hommes, fier de ma charge, adorant sentir les petits pieds de Vic me battre les reins. Sarah me disait de faire attention, de mesurer mes pas, de ne pas aller trop vite, *je te rappelle que tu as ta fille sur le dos*, Sarah qui prenait en photo cet attelage, elle en riait, et faisait parfois mine de se jeter sur moi pour que je la porte aussi. Je me souviens du bonheur d'arriver au belvédère, puis, assez rapidement, la pression du temps, les heures nécessaires pour rentrer, incompressibles. Sarah, prise par la beauté de l'endroit,

en perdait toute prudence et me disait :
« Attends encore. » Elle voyait pourtant le ciel
tourner à l'aigre, elle aurait bientôt peur dans
la descente, malgré tout elle n'arrivait pas à
quitter ce nid d'aigle.

Bien sûr qu'elle était déjà là. Elle ne nous
faisait pas particulièrement plaisir. On se
contentait de l'ignorer. Sa fumée était blanche.
Impressionnante, mais ce n'était que vapeur
d'eau, on voulait le croire en tout cas, et les
volutes n'étaient pas vilaines. D'un blanc pur.
Ces colonnes montaient si haut qu'elles s'en
perdaient dans le ciel, se torsadaient parfois,
et entamaient un drôle de jeu où elles semblaient chercher les reflets du soleil. Elles
appelaient le regard, elles le détournaient du
béton et des installations. Ces volutes conso-
laient du reste. On aurait préféré que la centrale ne soit pas là, mais ce n'était pas si grave,
juste un léger affront à la beauté des bleus.

Aujourd'hui, derrière les fumées, on voit
les réservoirs. Ils sont bleus aussi, d'un autre
bleu. Métallique, plastique, fabriqué. D'ici,
on dirait de petits dés. Pourtant ces immenses
réservoirs contiennent chacun plusieurs milliers de tonnes d'eau. Il doit y avoir une cen-
taine déjà de ces grandes cuves, pleines d'eau
radioactive. L'eau du fleuve pulvérisée sur

le corium. Qui nous l'a rendue corrompue à jamais. Alors les mecs la récupèrent pour ne pas la laisser s'échapper vers le fleuve, et construisent des cuves pour la stocker. Combien de temps, on ne sait pas. Combien de cuves, on ne sait pas non plus. Tant qu'on arrose, il faudra des cuves, et un beau jour on ne saura plus où les mettre. On devra alors se résoudre à relâcher l'eau dans le fleuve, un peu, en espérant qu'elle se dilue. L'arrosage du corium, tout aussi dérisoire et stupide que cela soit, ne peut plus, ne doit plus s'arrêter. On aurait dû y penser avant. Cela fait partie des vertiges de la vie, ces choses qu'on n'arrêtera plus, qui n'autorisent aucun retour en arrière.

Au loin, on devine la vallée, creusée par le fleuve. C'est sur l'ensemble du panorama, une petite languette de bleu gris qui dit mal les millions de gens qui vivent derrière. On ne les devine pas d'ici, on voit seulement naître cette terre, et encore faut-il en avoir l'idée. Une vallée qui a eu la chance d'être contre le vent. Elle n'a été évacuée que temporairement. Chance si on veut. Si on croit aux mesures. Vallée contre le vent, mais vallée sans eau. Le fleuve est contaminé, et depuis deux ans cette vallée doit chercher ailleurs de quoi boire, se laver, arroser les plantations et nourrir les bêtes. Bientôt il faudra à nouveau autoriser le fleuve, malgré ce qu'on s'apprête à y verser. Un fleuve, ce n'est pas rien, ce n'est pas quelque chose qu'on peut interdire et confiner des années durant, et cette vallée qui a été plus ou moins épargnée par les airs crèvera petit à petit de son eau.

Les hélicoptères tournent. Dans une urgence de maintenant deux ans. Sans arrêt. Budget illimité. Comme s'il fallait enfin montrer qu'on a le contrôle, vaine parade. Ballet qui fait peut-être du bien à ceux qui l'observent. Des hélicoptères, des gyrophares, des radios d'urgence, tout ce cirque qui dit l'attention au problème. Qui dit l'homme. Qui tente de rattraper l'inexorable.

Quand on était de retour à la maison, Vic s'était déjà endormie sur mon dos, bercée par notre pas dans la descente, et tout l'enjeu était de la coucher sans la réveiller, tant pis pour le dîner, on n'avait pas le cœur de la priver de ce sommeil, qui semblait si beau, si léger. Souvent, nous aussi préférions sauter le repas, profiter de la soirée déjà bien avancée pour faire l'amour, Sarah en avait envie, j'étais exténué, mais c'était bon de jouer au héros, d'aller au bout de ma force.

On dirait deux Témoins de Jéhovah. Les deux Ouzbeks à ma porte sont proprets, du mieux qu'on peut l'être dans ce bled. Ils ont clairement fait un effort. Pas du tout couverts, mais ça, on a l'habitude, on s'en fait chaque fois la remarque. «Vous devriez au moins mettre un masque!» Ils se contentent de me sourire. «Demain on fait cuire le sanglier.» Je ne dis rien. Je ne sais trop quoi dire. «Il faut que tu sois là. Ta femme aussi.»

J'ai envie de leur demander en quel honneur, je la boucle pourtant. Ce n'est pas comme si on était les meilleurs potes du monde. Je crois qu'ils nous font peur. On regrette un peu qu'ils se soient installés là, si près. Des gars de silence. Leurs poussées de fièvre parfois, où on les entend tirer sur les drones. Comme ça, plusieurs coups d'affilée, ils s'y mettent à quelques-uns. Sans rien dire, juste dégommer les engins qui nous survolent. L'invitation, j'imagine que c'est pour l'essence. Ils ont débarqué il y a quelques jours à la station. Avant qu'ils ne s'excitent et ne défoncent tout, je suis sorti leur expliquer. On n'a jamais su mettre en marche le mécanisme des pompes, pas faute d'avoir essayé, alors on a fait péter la dalle, et on se sert comme s'il s'agissait d'un puits ancestral. Je leur ai montré comment on remontait l'essence, et leur ai annoncé qu'ils pouvaient se servir autant qu'ils voulaient. Du moment qu'ils restent raisonnables. C'est le principe ici. Ils ont bricolé trois petites cylindrées, des bécanes de cross qui font un raffut incroyable, ils partent à la chasse pour la journée, à deux par moto. Le soir, je les vois revenir. Souvent ils marchent à côté de leurs engins, dessus du gibier, du sanglier, un chevreuil, de quoi tenir des jours.

« Et cette sauce, elle s'appelle comment ? » Lorna est déjà là quand nous débarquons avec Sarah à la soirée. Et elle fait ce qu'elle fait le mieux au monde : poser des questions. Des questions en tous sens, en gros et en détail. Avec un immense sourire et un intérêt sincère pour chaque réponse. J'adore. Elle vient d'entamer une nouvelle séquence sur la préparation du méchoui, et égrène son chapelet : «Et ce côté caramélisé, ça vient d'où? C'est simplement du sucre ou il y a autre chose?» Je me marre devant la tête effarée de nos hôtes quand elle les entreprend sur l'embrochage de la bête : «Comment le pieu passe dans le fion? – elle se retourne vers moi et me demande si on dit "fion" pour un sanglier, tu dois savoir ça toi, non? – C'est facile? Il faut s'y reprendre à plusieurs fois?» Je reste à ses côtés, dans un rôle indistinct, muet, admiratif, un peu comme tous ces mecs qui entourent les stars et jouent vainement les utilités.

Ils nous ont invités, mais ne nous parlent guère. Presque à disparaître en cuisine pour nous laisser seuls profiter du repas. Et nous, à l'exception des femmes, on ne fait guère plus d'effort. Seul Alessandro ouvre les bouteilles à la chaîne. Il n'a pas lésiné sur les grands crus. Marc se sent obligé de me glisser : «Il n'en fait pas trop, là, Alessandro? Putain, tu crois qu'ils les apprécient ces bouteilles de dingue?» Comme je ne réponds rien, car honnêtement je n'ai aucune réponse à cette question, Marc ajoute : «Remarque, leur musique est vraiment incroyable. Elle me fout les poils. D'où ils sortent des sons comme ça ? »

Trois Ouzbeks jouent des instruments inconnus au bataillon. Des mélodies douces-amères qui vont bien avec la nuit. De la musique d'éternité, absolument pas faite pour s'amuser, loin de tout divertissement, des notes qui nous mettent à des milliers de kilomètres de là, qui racontent le désert, les contreforts, les plus hautes montagnes au loin, de fichus paysages qui font rêver et frémir. On est déjà d'accord sur la musique. Peut-être va-t-on être raccord sur plein d'autres choses.

Je cherche Sarah, en vain. Lorna est désormais au milieu de la pièce. Transie d'émotions. Ces notes sont autant d'appels, et la mélopée chante vie et mort sur la route de la soie. Son corps d'aristocrate se libère. Il retrouve sans doute ce qu'elle a déjà connu, ce qu'elle a déjà aimé. J'aimerais la rejoindre, mais elle est loin, vraiment loin.

Je retrouve les deux Ouzbeks qui m'ont invité. Deux frangins certainement. J'esquisse un sourire. Eux hochent la tête. La conversation, il n'y en a pas. Pas celle qu'on entend en tout cas. Si on parle bien la même langue, ils n'éprouvent pas le besoin de meubler les silences. On s'observe. Ils ont des regards longs, bien plus appuyés. Des regards qui restent sur les choses, les examinent lentement, les circonviennent, qui jamais ne se détournent, et il n'y a aucune provocation là-dedans. Nous, on papillonne, encore pris de schémas anciens, où il ne faut pas fixer les gens, eux, cela ne les dérange pas, ils regardent comme des animaux, sans compter leur temps, avec la même insistance, la volonté implacable de comprendre tout de ce qui est en train de se nouer. Ces mecs n'ont plus rien de l'ancien monde, ils en ont perdu les codes, la légèreté et la discrétion, ils sont revenus à la vie essentielle. Leurs femmes se sont regroupées avec les nôtres, Sarah est revenue, elles chuchotent. Elles ont l'air de s'entendre.

On finit par se rassembler par affinité, ceux du village d'un côté, et eux de l'autre, seules les femmes restent ensemble. Sans qu'il y ait de malaise, tout le monde vit cela plutôt bien. Une forme assez aboutie de respect, il n'est plus question de faire semblant, toute fausse complicité est bannie. On a le temps, on n'est pas obligés de devenir les meilleurs potes tout de suite, on va s'apprivoiser. *On a le temps.* Avec ce qu'on mange chaque jour de radiations, c'est nouveau comme concept, pas désagréable, mais forcément joueur.

Le dimanche matin, c'est foot. C'est aussi le moment où on sort un peu de notre *Club des Cinq*, où on voit d'autres mecs.

Alessandro a beau être italien, il est mauvais. Vraiment mauvais. C'est pourtant le plus rapide d'entre nous, mais il n'a aucun sens du but, je crois qu'il est indemne de tout esprit de compétition. Cet échalas court pour rien, dans le vide, en riant, oubliant le ballon, oubliant les passes, oubliant tout. Sur le terrain, il s'excuse en permanence de n'être jamais là où on l'attend, *bordel, Alessandro, qu'est-ce que tu fous ? Tu la vois pas la passe en profondeur ? — Oh ! désolé, excuse-moi, j'ai pas compris que t'allais faire ça*. Un échassier qu'on dirait décérébré. Son ratio est pourri, il a dû marquer une fois, et il y a longtemps, un but vraiment offert, or, quand on tire les équipes, encore ce matin, il est toujours le premier à être choisi. À croire que personne ne se sent de lui faire la moindre peine. Et cet olibrius porte chance. C'est très souvent que son équipe gagne.

C'est quelque chose de jouer en combinaison, nous faisons attention de ne pas les déchirer, cela n'empêche pas Marc de tacler comme un boucher. Je dois admettre qu'il est fort à ce jeu. Il glisse sans effort. Il use et abuse de cette pelouse merveilleuse, grasse à ne plus pouvoir, encore adoucie de trèfles. À se demander si la nature ne se moque pas de nous à s'afficher aussi insolente, dopée à mort, faisant son miel de toutes les saloperies qui se déversent depuis deux ans. On en profite quand même. Marc le premier, qui l'essuie dans tous les sens. Je lui gueule d'éviter de me faire les croisés. Ce n'est pas comme si l'hosto était à côté. Il se marre. Ce mec m'épate.

Nous avons une fois essayé de jouer sans rien. Nous nous sommes présentés sur le terrain, en shorts et maillots : nous avions l'impression de jouer nus, c'était bon, mais Sarah et Lorna nous ont vite traités de grands malades, en nous criant d'arrêter immédiatement notre délire. Après avoir ri cinq minutes de notre coup, nous sommes rentrés profil bas.

Sous la douche, nous nous retrouvons comme des enfants, contents de hurler sous

Fred

l'eau glacée. Il y a les canettes, le whisky comme avant, comme dans tous les vestiaires du monde. Les discussions sur le match, sur le monde, les femmes en général, nos femmes en particulier. Chacun son rôle. Alessandro qu'on charrie pour les actions vendangées, aujourd'hui une bonne dizaine, et son corps efflanqué. Il fait semblant de se vexer, jusqu'à ce qu'on lui dise qu'on l'adore, jeu mille fois interprété, dont on ne se lasse pas, car on sait qu'il va terminer en nous imitant un par un, et ça, c'est franchement irrésistible, notre sucrerie de la semaine. Il joue sa boudeuse, alors on le supplie, on l'implore. Il nous laisse mariner un peu avant de s'y mettre. Puis Marc chante. Des trucs basques ou des hymnes nationaux à vous déchirer l'âme. Là, va savoir pourquoi, c'est le *God Save the Queen*. Il ne connaît pas les paroles, il baragouine d'ailleurs à peine l'anglais, mais c'est plus vrai que nature. Au sol nos sousvêtements sales et nos chaussettes de foot puantes, des odeurs de linge mouillé, les cadavres de bouteilles, des conversations lourdes, parfois obscènes, des blagues au ras des pâquerettes, et dans cette pataugeoire, parfois de belles idées, des fulgurances qui nous font taire un peu. On se fait beau, on se rase et se tartine de lotions raffinées, du sent-bon comme dit Marc, indécelables une fois la combinaison remise, qu'importe.

On est bien comme ça. Et on part pour une énième tournée, *les gars, sérieux, la dernière,* quand on entend Lorna crier. On se rue dehors. «Qu'est-ce qui se passe?» hurle Marc. Lorna ne répond déjà plus. Elle est à bout de souffle. C'est Sarah qui prend le relais de plus loin. «Ici! ici!» Elle nous appelle de chez Totor. Il n'aime pas le foot, Totor, il ne vient jamais le dimanche avec nous. Là, bordel, il aurait peut-être mieux fait. Il est vautré dans des ferrailles qui bordent sa maison depuis la nuit des temps. Des pieux, un chantier infernal. Il a dû tomber du toit. Sa jambe gauche est salement tranchée. C'est profond et ça pisse. Malgré Sarah qui essaie de comprimer la plaie ouverte. Je lui demande s'il faut que j'aille chercher son nécessaire à suture. Son matos de sage-femme qui nous a si souvent raccommodés. «Nan! Là, je vais rien pouvoir faire! Il faut appeler les secours!

— Le vieux médecin?» je lui demande. Je sais toutefois que c'est mort. Le temps d'aller au village voisin. De toute façon, le toubib est complètement déglingué. Un poème. Quand on va le voir, il râle, il nous maudit tandis qu'il passe son tablier, car il s'agit bien d'un tablier, un gros tablier de jardinier, propre d'accord, mais qui n'a rien à voir avec une blouse de médecin. Une médecine de guerre, rien de mieux. « Trop grave ! Faites des signes aux drones ! Et vite ! Ça urge ! » répond Sarah.

Alors on danse. Des mouvements, des S.O.S. sous toutes les formes. En espérant qu'il y ait des gars derrière les caméras et qu'ils comprennent qu'on n'est pas en train de les insulter. Rien ne se passe. Tandis que je m'agite comme un malade en compagnie de Lorna, *Staying Alive*, vieux rossignol de mon trimestre de secouriste à la fac, m'emplit la tête. On est d'accord que ce n'est pas le sujet du jour, on n'est pas à relancer un cœur, mais à éviter qu'un mec ne se vide de son sang, je remue pourtant avec les Bee Gees en direction des drones. Marc trouve utile d'engueuler Totor, et de l'interroger sur ce qu'il fabriquait là-haut : « Tu pouvais pas me demander ? j'y serais monté sur ton toit ! » Sarah lui ordonne de la boucler : « Putain, Marc, fiche-lui la paix. Et va plutôt te rhabiller, t'es à moitié à poil ! »

On est sortis sans combi. J'arrête mes signes indiens. Je regarde Totor. Ce mec, je ne le connais pas tant que ça. On n'a jamais vraiment passé du temps ensemble. Totor, c'est le gars un peu sauvage qui ne joue pas au foot. Voilà, à date, ma définition de cet homme en train de se vider. Pourquoi est-il là, qu'est-ce qui l'a amené à rester dans ce coin, je n'en sais rien. Je l'observe encore, comme s'il fallait rattraper le temps. Je vais pour sortir une vague promesse, un *t'inquiète, tu vas t'en sortir*, je décide pourtant de la boucler. J'essaie de ne pas mentir en le regardant, d'être le plus sincère possible, le plus amical aussi, et pendant ce temps, je vois les torchons s'imbiber les uns après les autres. Sarah interrompt ma catatonie : « Qu'est-ce que tu fabriques encore là ? Tu crois quoi ? Qu'il y a une putain de trêve ? Fonce te rééquiper ! » Je laisse à Lorna le soin de continuer les supplications au ciel, et je cours vers le vestiaire.

Au bout d'un temps insensé, un hélico finit par se pointer. Deux brancardiers en tenue sarcophage, plomb, kevlar, visière et survisière, s'extirpent de l'appareil, et demeurent immobiles. « Qu'est-ce qu'ils fabriquent, ces branques ? » s'impatiente Sarah. On les hèle. Mais ils ne bougent pas. Enfin, la sono de l'hélicoptère nous ordonne de nous écarter de Totor. Les deux brancardiers font maintenant des gestes impérieux pour cela. Nous l'abandonnons, et reculons comme ils l'exigent. Ils le récupèrent, sans nous parler. Je ne pense pas qu'on reverra de sitôt Totor. Quand on a un bon de sortie, il est définitif.

On a encore des habitudes de l'ancien temps. On continue ainsi de se voir le soir, après la journée, et de préférence en fin de semaine. Pourtant on n'a plus d'horaires. Il n'y a que Marc, pour ses chantiers, qui préfère le plein jour. Moi, je filme et photographie à toute heure. J'avais commencé un reportage sur la région avant l'accident, quelque chose d'assez précis, comment on vivait encore dans des milieux reculés. Le film se voulait sincère, et si possible assez optimiste. Un projet qui me plaisait, une longue série payée à l'avance. Des centaines d'heures de tournage. Quand ça nous est tombé dessus, j'ai choisi d'arrêter. Longtemps, je me suis convaincu que c'était fini, et que c'était bien ainsi. La région que j'avais choisie avait été annihilée, et le film n'avait plus de raison d'être.

Les Terres animales

Pas envie de me transformer en reporter de crise, il y en avait d'autres pour cela, des pros des théâtres de combat, formés et aguerris, moi, je ne l'étais pas. Ils avaient les codes du drame, ils savaient dire l'horreur des choses afin de frapper les esprits, ce *juste assez*, l'art de contenir les saloperies, les morts et les angoisses à distance respectable.

Les petits vieux m'ont interpellé un jour, bien après : « Alors, tu ne viens plus avec ta caméra ? On a encore des choses à te raconter, tu sais ? Mais tu serais avisé de te dépêcher, on ne va pas durer des siècles. » J'ai repris mon matos, j'ai recommencé à filmer, des bandes qui n'iront nulle part. Il faudra certainement plusieurs générations pour qu'on veuille en faire quelque chose. Je les indexe avec la plus grande maniaquerie, comme si j'étais dépositaire d'une partie de l'histoire du monde. Il y a des images sur Sarah, et Vic, avant. Elles faisaient partie de l'endroit, je les avais filmées. Vic y est encore en bonne santé.

Quand j'observe les ancêtres, je vois les visages mangés de plaques, de dartres, et de protubérances. De sales verrues aussi. Je ne sais pas si c'est normal, s'ils les auraient eues de toute façon. Je les regarde, et me dis qu'au moins ça nous sera épargné. Quand je pars, j'ai toujours la sale impression de les abandonner en pleine ligne de front. Alors, je leur demande s'il faut ramener quelque chose pour les dépanner à la prochaine tournée. Un m'a dit : « Viens avec ta bêche, je devrais être mûr la prochaine fois. » Comme j'ai pris un air navré, il s'est mis à rire : « Te bile pas ! Ça doit arriver. J'ai ce que j'ai. » D'une manière générale, ils sont plutôt optimistes. D'après le peu d'informations qu'ils ont, ceux qui ont accepté de partir ne se portent pas mieux, moins bien même : « Les nerfs, comprends-tu ? Tu perds tes nerfs quand tu abandonnes comme ça ton coin, celui où t'as toujours été, et quand t'as plus les nerfs, tu tiens pas longtemps. »

Je filme la nature. Les endroits superradioactifs. Les puits à Becquerel. Ces sources actives, où la radioactivité se désintègre, et fait des petits. J'adore promener ma caméra sur ces endroits tout sauf spectaculaires. Rien que du vent dans les branchages, de la lumière qui va, s'éprend et s'éteint, des murmures, en tout point semblables aux bruits d'un bosquet ou d'un sous-bois partout ailleurs. J'ai l'espoir que la caméra sera plus perspicace, qu'elle la verra, cette décomposition, et qu'elle rendra compte, bien plus tard, quand le regard du monde sera plus aiguisé. En attendant, je filme avec aussi peu de mouvements que possible, souvent la caméra installée sur pied pendant de longues heures, et je note les coordonnées de l'endroit, son activité. Je répertorie aussi la température, le temps qu'il fait le jour-là, le vent, quantité de choses inutiles, mais qui me tiennent debout.

La maison de Marc et Lorna ne ressemble en rien aux autres. Un peu à l'écart du village, en hauteur. Décorée avec beaucoup de classe, c'est une demeure de magazine. Des tons taupe, gris, chocolat. Le blanc n'est pas blanc, il est coquille d'œuf, c'est plus distingué, ça accroche moins l'œil. Les cadres, le trumeau sur la cheminée. Les chandeliers. Les plaids. Les vitres en biseau. Un parquet sublime («un point de Hongrie» fièrement annoncé dès mon premier regard dessus, puis Marc m'a dit plus bas : «Une horreur à poser, si tu veux un conseil, camarade, ne te lance jamais là-dedans ! ou appelle-moi avant !») qui n'a rien à voir avec les tomettes ou le carrelage que les gens mettent ici. Ce goût pour les matières raffinées vient de Lorna, mais Marc a vite adhéré. Pris au jeu, pris, j'imagine, dans la déferlante Lorna, et la peur de perdre ce phénomène, ce petit miracle. Sa boîte, avant l'accident, comptait une douzaine d'employés, et l'argent rentrait sans problème. Ils voyageaient, Marc apprenait l'anglais («qu'est-ce qu'il ne faut pas faire pour garder sa nana»), suivait des cours de business à distance («crois-moi, encore plus chiant que l'anglais»), s'était intéressé à la Bourse («ça, c'est plutôt marrant et c'est pas sorcier, je pourrai te montrer»). Il savait encore grimper sur un toit et réparer un faîtage. Et il le faisait volontiers pour montrer la voie à ses apprentis. Il a mené aussi des chantiers pour la centrale, disons pour les bureaux qui l'entourent. C'était de la bonne thune, il la prenait volontiers, et il ne me serait pas venu à l'idée de lui en faire le moindre reproche. Avec Marc, on n'a jamais été des écolos. On voyait cette centrale de loin, elle ne nous dérangeait pas plus que ça. Il y avait la forêt entre elle et nous, des hectares de bois et de silence, cela nous semblait bien suffisant. Les écolos nous cassaient même les pieds, ils en avaient après la chasse, un de nos plus grands plaisirs. On aimait bien partir tous les deux pendant un week-end entier, bien sales à la fin, souvent trempés, avec quelques beaux morceaux dans la besace. On tirait ce qu'on pouvait tirer, on faisait simplement gaffe de pas dégommer des pièces trop jeunes, c'était notre côté Bambi. Depuis, on a arrêté. Étrangement, ça nous est passé un peu avant l'accident, comme si on avait eu cette prescience, presque animale, comme avant l'orage, que les choses allaient changer.

Lorna est de l'ordre de l'inouï. Une noble, qui s'est un jour séparée de ses parents, mais qui n'a pas renoncé à toute grandeur. Sa répartie est phénoménale, son aplomb stupéfiant. Elle raille sa lignée de manuel d'histoire, la cite souvent quand même, une famille qui a été de toutes les cours d'Europe, des conseillers, des prévôts, des faiseurs de rois. Elle nous amuse quand elle nous parle de ses cousins et cousines, tous bien mariés et insupportables *redede*. Lorna a quitté tout cela : elle est partie à l'autre bout du monde continuer ses études d'agro. Le choc du Yémen, puis l'Inde. C'est au Tamil Nadu, au milieu des étangs de spiruline, qu'Anne-Lorraine est devenue Lorna. De retour en France, elle a vécu dans des communautés pour travailler sur des plantes plus sobres, moins gourmandes en eau et en pesticides, *ce n'est pas la plante qui m'intéresse, c'est son écosystème*. Elle a connu

Marc par hasard, il s'était engueulé avec les gars de la communauté, un travail qu'ils refusaient de lui payer, elle s'était rangée de son côté, je crois qu'elle aimait le voir à demi nu en train de retaper les toits, *son côté animal, tu comprends ?* et elle avait fini par traverser le pays pour le rejoindre. Pas d'enfants, elle ne peut pas.

Elle porte la bague de son aïeule, qu'elle n'a jamais voulu rendre à ses parents, une marguerite d'émeraude et diamants baisée en son temps par François-Ferdinand d'Autriche, tout un programme. Elle la porte à la main droite. Sa main gauche, on dirait un feu follet. Fugace, fragile, toujours en mouvement quand elle n'est pas réfugiée au plus profond de sa poche. On a peine à comprendre ce qu'on voit, ce blanc, cette dépigmentation terrible, cette affreuse greffe. Elle l'escamote autant qu'elle peut. Mais en dépit de tous ses efforts, il y a toujours ces secondes où je ne peux m'empêcher d'y accrocher mon regard, et je m'en veux aussitôt de cette sale fascination. Elle n'en a jamais rien dit, Marc ne m'en a jamais parlé, c'est un non-sujet. Malgré toute la force et la dérision dont Lorna est capable, sa main martyrisée reste hors de propos, un secret. Chaque fois, je suis pris d'une rage profonde, envers qui a jamais pu lui coûter cela, et dans le même instant, dans la même bouffée, d'une immense tendresse pour cette belle femme au stigmate si laid : une princesse qu'un conte un peu cruel aurait voulue vulnérable, une princesse aux champs, d'une folle allure dans ses bottes de caoutchouc.

Ce soir, elle est en talons. Elle a passé une robe sexy et porte des boucles d'oreilles. Les premières fois, elle s'en est justifiée, *oh ! j'ai pitié de ces fringues, je les aère un peu, cela fait plaisir à Marc*, elle a désormais compris qu'on aime la voir ainsi, que Sarah n'en prend aucun ombrage, qu'au contraire elle se surprend parfois à l'accompagner.

Je la branche sur ses soirées à Agro. Marc râle : « Encore ! On les a pas assez entendues ? ! Y a pas, t'es un vrai pote, toi ! » Il déteste tous ces souvenirs dont il est absent. Lorna me regarde, amusée, et mime l'air grincheux de mon camarade. Elle se lève, va chercher un plat, et dans le dos de Marc commence à danser. Il n'y a aucune musique à entendre, seuls les bois qui se font chahuter par le vent. Le calme, le grand calme. En quelques secondes toutefois, par la grâce de son corps qui ne s'occupe plus de personne, elle installe la fièvre, le hall noir de rage et de sueur, la dilatation des sons et de l'air, le sol collant des boissons renversées et des dégueulis, et je la vois, reine au milieu de cette faune d'étudiants, comme je la verrai plus tard, minée avec ses copines, dans un mal total, mais qui fait du bien. Elle danse dans le silence. Alessandro la rejoint, et on dirait les deux branchés sur les mêmes rythmes, des infrasons qui doivent forcément exister quelque part, tout ceci semble si vrai, évident, naturel. Et ce qui se voulait peut-être une farce ne l'est plus. Une véritable transe. Comme si leur vie en dépendait. Ils nous appellent. Sarah se décide. Marc se retourne et observe cet étrange mime. Hoche la tête, lève les yeux au ciel. *N'importe quoi*. Il me ressert à boire. Je reste avec lui, même si je crève d'envie de les rejoindre.

Je crois qu'elle m'a tout de suite bien aimé. C'est à moi qu'elle raconte volontiers ses histoires d'enfance, le manoir d'Anjou, le frère disparu tôt, et tout ce qui peut conduire une fille à peine adulte à partir à l'autre bout du monde. Parfois, elle me confie sa joie d'être là, d'avoir choisi ce destin insensé. Ou plutôt que le destin l'ait ainsi trouvée. À plusieurs reprises, elle m'a dit combien elle était soulagée de ne plus avoir à réfléchir, de faire partie de notre petit groupe embringué dans cette logique du pire. Elle s'y sent bien. *Un peu Jules Verne, non ? cette communauté de rescapés, il faut vraiment que tu te décides à lire* Deux ans de vacances. Le sentiment que l'accident est venu résoudre beaucoup de questions en suspens, tous les doutes qu'elle pouvait encore avoir sur Marc, et le fait de vivre avec lui, dans ce bled. *On ne va pas se le cacher, c'étaient quand même de sacrés péquenauds avant. Je crois que l'accident est survenu à temps, sinon on se serait emmerdés.* Et quand je la questionne sur ses cultures, ses plantes, *écoute, j'ai le sentiment de ne pas être totalement inutile. Ce que je fais pousser, dans ce pays, avec ce qui s'y passe, j'imagine que ça pourra resservir un jour, ailleurs.* Elle aussi répertorie, note, indexe. Et comme moi, elle ne sait trop qui la lira. Quand on ne parle pas de plantes, on rit de sujets plus légers, des monarchies en Europe, des princesses de Hohenzollern, de la chance qu'ont les Belges, qu'elle aussi aurait pu se trouver un prince charmant, *mais ce salaud m'aurait vite répudiée.*

J'observe leur intérieur. Il a encore été refait à neuf. Marc a tout repeint. « C'est mieux, non ? » J'ai presque envie de lui dire qu'il n'était pas obligé. Que sa baraque était déjà bien comme ça. Je sais que c'est inutile. Il fallait qu'il le fasse. Il a sa théorie là-dessus, et me l'a déjà racontée à maintes reprises, cette histoire d'être nickel, quoi qu'il advienne. Et son grand-père qui dormait droit comme un I et vêtu de son costume, *au cas où*. Il n'a pas tort. Notre existence a beau être limitée, forcément limitée, je crois qu'on n'a pas envie de vivre dans un capharnaüm où plus rien n'aurait d'importance. Les choses qu'on range seront là demain, et c'est déjà une bonne raison d'y prêter attention. Cela n'empêche pas les coups de folie, les moments où tout ceci nous gave, où plus rien n'a de sens, et alors ça brûle, ça jette, ça casse, les murs en prennent pour leur grade, mais ce ne sont qu'éclats, on arrive à se raisonner, il y en a toujours un pour cela, souvent Alessandro ou Lorna, et on nettoie derrière, gentiment, patiemment, un peu contrits d'avoir perdu nos nerfs.

Trois ans, c'est notre horizon. On ne le dépasse jamais. Tout ce qu'on vit, tout ce qu'on imagine se borne à trois ans. Notre stock de nourriture, on fait de notre mieux pour qu'il tienne jusque-là, et c'est vrai aussi pour le carburant, les médicaments, et ce qui nous aide encore à vivre : les piles, les bougies, les allumettes, tous ces adjuvants à l'existence, dont on pourra bien sûr se passer, mais dont on imagine mal la fin. Peu de choses vont au-delà. Nos disques, et encore il faudra pouvoir les jouer. Nos livres, il y en a tant. Même en lisant comme des brutes, aucune chance qu'on n'en ait jamais fait le tour. Presque frustrant.

Cette barrière nous est rentrée dans la tête comme s'il s'agissait de ne pas en faire trop. De ne pas s'effrayer trop vite. Trois ans, c'est énorme, il peut s'y passer tant de choses. C'est beaucoup de soirées, de coups à boire, et de matches de foot. Cela nous semble déjà très satisfaisant, un bon *deal*. Dans trois ans, le village des vieux aura moitié moins d'habitants. Dans trois ans, à coup sûr nos corps auront morflé, mais d'ici là on aura profité, entre amis.

On s'observe en permanence. *T'as petite mine, t'as l'air fatigué*, des expressions bannies depuis longtemps. Ici *on est dans son assiette* jusqu'au jour où on ne l'est plus. Quand le teint devient vraiment jaune, on s'agite. Et on consulte le vieux médecin, même si on sait déjà. C'est arrivé l'été dernier à Tony. On l'a accompagné. Chez le médecin. On l'a accompagné tout court. Lui, les trois ans, il les aurait achetés. Il faisait partie des gars qui avaient liquidé la centrale. Quelques mois seulement. «Pourtant, j'étais toujours protégé, la combinaison, le masque, les cachets d'iode avant et après intervention», nous a-t-il dit, comme s'il s'excusait. On l'a accompagné à sa tombe, il a voulu voir où on allait le mettre, il a choisi l'endroit avec nous. On lui a montré l'ombre des arbres et promis qu'il y serait bien. Il nous a demandé de faire gaffe à la terre, qu'elle pouvait être traîtresse. On l'a rassuré.

Fred

L'après est tabou. Nul besoin de s'en gangréner. Ce qui nous tourmente, c'est la fin du groupe, et en particulier, nous cinq. Là, on touche au nerf de l'existence, là on entre dans la grande terreur : que se passera-t-il le jour où le premier d'entre nous disparaîtra ? Alors, on se contente des trois ans, de ce contrat passé avec je ne sais qui, le diable ou le bon Dieu, on touche du bois à ne plus en pouvoir, chacun ses tics, ses superstitions, de quoi tenir la vie en respect. Et on guette la jaunisse, qui n'est jamais bon signe, on prie, on remercie le ciel, on s'inflige quantité d'expiations dès qu'on a le sentiment que les choses vont trop bien ou sont trop belles, histoire de garder le cap sur ces trois ans.

Un raffut incroyable. Je me précipite dehors. Des chiens sont en train de bouffer nos poules. Je gueule. Fais de grands gestes, mais ils ne lâchent pas l'affaire. Ils sont efficaces. En cinq minutes c'est réglé, et ils repartent déjà vers les rousseurs de la forêt. C'est la première fois qu'ils osent s'approcher ainsi. Je suis en T-shirt, sans masque, sans matos. Malgré le spectacle désolant de ce carnage express, je ne peux m'empêcher de penser en les regardant s'évader que l'automne est arrivé. Et d'en être content. Je m'éloigne du poulailler. L'air frais me saisit. Ça sent bon. Comme avant. J'en prends plein les poumons.

On ne soupçonne rien. C'est le plus terrible de cette vie. Se dire qu'on ne voit rien, et quand on voit il est trop tard. On ne discerne pas les radiations. Tout est normal. Bien trop normal, et c'est là le vertige. Un jour, Lorna m'a raconté le brouillard permanent de Delhi. Le ciel qui s'enrobe d'orange et de corail le soir ou tôt le matin, des couleurs pas laides d'ailleurs, avait-elle ajouté. J'imagine qu'elles disent au moins quelque chose, ces couleurs, on peut s'y habituer ou se promettre de ficher le camp dès qu'on pourra. Ici, rien. Et si on y réfléchit, même l'explosion n'a pas été spectaculaire. Sans proportion avec ce qui se passait vraiment. Le long roulement de tonnerre, de plusieurs minutes. Et avant, ce flash puissant et ce noir, une obturation d'une seconde. Tout s'est ébloui, pour aussitôt s'assombrir, durablement, comme si nos yeux avaient été dévariés par cette étrange éclipse. Il a fallu les sirènes, de tous les coins du pays, dans tous les tons. Il a fallu les bêtes mortes en bord de chemin, et le verre pilé, et les murs qui tombaient net, bien plus tard, presque sans raison, il a fallu enfin l'arrêt de l'électricité, des communications et de l'eau pour que chacun comprenne. Et c'est quand les hélicoptères ont grêlé le ciel, et seulement à ce moment, qu'on a eu conscience de vivre quelque chose de définitif, enfin à la hauteur de ce qui venait d'être commis. Et d'être au pire des endroits.

Fred

Ce sont nos instruments qui donnent la mesure de ce qui nous attend dehors. De longs bips tout en ronflements, des sons saccadés, une syncope de bruits métalliques qui n'en finissent pas dès qu'on met le pied dehors, l'impression de vivre sous respirateur, un carcan entêtant, sans fin, qui dit inlassablement qu'on a beau marcher et chercher, il n'y a jamais, jamais, de zone saine, sauf à l'intérieur des maisons, et encore, je crois qu'on n'a plus trop envie de savoir, on coupe nos engins dès qu'on est chez nous. La vie serait impossible, s'il s'avérait qu'il n'y a nulle part où aller.

Le compteur Geiger est le pire, feulements d'une bête écorchée prise au piège. Parfois il se précipite et s'envenime. Il fait bien, il fait ce qu'on lui demande. Une journée de Geiger, c'est supportable, cela confère un aspect presque enfantin, s'amuser à l'affoler, attendre, à chaque pas qu'on fait, qu'il grogne. C'est l'avoir tous les jours, à tout moment, qui devient infernal, comme le bruit des vagues, inarrêtable, et suffocant, quand on y pense trop et qu'on en prend la nausée. Nos rêves l'incorporent, il est là, avec ses alertes continuelles quand on marche, quoi qu'on fasse, un fond sonore naturel, et qu'importe le songe. Parfois, mais c'est rare, le son s'arrête, et on se dit alors, au réveil, qu'on a rêvé du monde d'avant. Et il s'en passe tant en quelques secondes de rêve.

Sarah s'enferme désormais dans la salle de bains. Et ça dure. Ce qu'elle n'a jamais fait, ou quand elle était au plus mal. Je n'aime pas cela, j'espère qu'elle va bien, qu'elle ne planque pas avec ses crèmes et son fond de teint quelque chose que je ne devrais pas voir. Je prétexte une envie pressante pour forcer l'accès. Assis sur les toilettes, je l'observe nue devant le grand miroir. Je scrute du mieux que je peux sa peau, les petites taches qui s'installent, infimes grains, peut-être le simple reflet des ans. Sarah s'en aperçoit. « Qu'est-ce qui te prend à me regarder comme ça ? T'as rien de mieux à faire ?

— J'observe ma femme, lui dis-je en souriant. Je suis content. Considère ça comme un geste ancestral et bien macho de propriétaire. » Elle hausse les épaules. Se met du rimmel. Se loupe. Râle du gros pâté. Ma faute, certainement.

J'écoute sa respiration, elle est normale. Et elle a cessé de maigrir, au contraire elle semble reprendre un peu de poids. Alors je me rassure. Et je me mets à sourire comme un demeuré. « Mon Dieu, mais qu'est-ce que tu as ? s'agace-t-elle, en me voyant hilare dans le reflet du miroir.

— Rien, rien. Tu fais quoi ce matin ?

— Je pense faire un tour chez les petits vieux. Voir s'ils n'ont besoin de rien. » Les petits vieux ont bon dos. Mais c'est très bien comme ça. Lorna avait donc raison.

« Je vais avoir ta peau, saleté ! » Lorna s'acharne sur un plant d'arbustes. À grands coups d'ahan. C'est vrai qu'ils paraissent totalement cramés. Elle tire dessus comme une forcenée pour les déraciner. J'ai armé la caméra et je la filme en douce. Quand elle a tout nettoyé, elle redevient aussitôt scientifique. Elle mesure la terre avec d'infinies précautions, et la dégage sur des mètres pour ne prendre aucun risque et repartir sur un meilleur pied. Elle m'aperçoit enfin, râle et finit par faire un doigt à la caméra. « Ceux sur ce versant sont tous pourris, me dit-elle désolée. Un an d'efforts pour rien... »

Elle aussi s'est maquillée. Aujourd'hui, je passe beaucoup plus de temps avec elle qu'avec quiconque. On est tranquilles, il y a un certain sens à ce qu'on fait. Je la laisse s'activer, et je me contente de la filmer, elle s'en amuse, prend des poses ou m'explique lentement, minutieusement, en quoi ces cultures sont à tout jamais différentes.

Je pense à ses vies avant Marc, je l'imagine tantôt seule, tantôt avec d'autres, elle se démène dans ces pays inconnus, fait des choses si éloignées de ce que je connais d'elle. Je me figure ses premières fois, son premier amant, son premier joint, sa première cuite. Je l'habille et la déshabille au gré de ses aventures, lui fais rencontrer des gens, essaie d'entendre sa respiration, la moindre de ses émotions. Des scènes que je joue et rejoue à l'envi, changeant un détail, et quand j'ai trop usé la scène je transporte Lorna ailleurs, dans les bruits, les lumières et les odeurs d'une ville nouvelle, et elle en arpente alors les ruelles, se perd dans les méandres des bidonvilles, j'écoute sa peur et son excitation, je vis ces moments avec elle, nous sommes là, aussi effrayés l'un que l'autre par tout cet inconnu.

La relation entre Sarah et Marc me gêne pour cela. Et rien que pour cela : elle interdit qu'on aille beaucoup plus loin avec Lorna, qu'on tombe dans quelque chose de bien trop glauque. Ils se sont décidés les premiers, et Lorna et moi n'avons plus qu'à contempler leur petite histoire qui s'installe. Je crois qu'on le fait bien, Lorna surtout, elle en retire une supériorité qui lui sied. « Si tu savais toutes les histoires de cul qu'il y a eu dans ma famille, je ne suis plus à ça près, me dit-elle, entre deux tranchées. Il y a plus dramatique, non ? » Elle me fait jurer de ne rien dire, de les laisser aller au bout de leur aventure, comme s'il s'agissait, là aussi, de bien analyser la lente maturation des choses. De voir jusqu'où ils iront, et d'évaluer, à tous les niveaux, et une fois encore, notre capacité d'accepter, et davantage que notre résilience, de tester la plasticité de nos corps et de nos esprits à tous ces changements.

Il y a les lieux avec Sarah, ceux avec Lorna, et ceux où je reste seul. Le cimetière, c'est moi uniquement. Le belvédère, c'est une randonnée que j'entreprends désormais avec Lorna. Je me souviens de son enthousiasme la première fois, comme si je lui avais dévoilé une terre miraculeuse. Elle aussi a voulu rester jusqu'au bout de l'après-midi, fascinée par les vagues de résineux, cette houle lente, indolente, qui parfois s'énerve sans qu'on sache bien pourquoi.

Ces après-midi à regarder le paysage, assis l'un à côté de l'autre, sont des moments à haut risque, mais nous résistons, pris dans notre rôle *d'être au-dessus de ça.* Tout au plus, elle me caresse un peu la main, entre deux épaisseurs de kevlar. Quand on en a assez de mater les foules de géants bleus à nos pieds, on regarde les nuages. Ils confirment ce qui se dit depuis l'accident, quelque chose d'abord énoncé avec le sourire, sans trop y croire, qu'on a toutefois vérifié à tant de reprises, ils passent bien plus haut, ils ne viennent plus guère s'embourber dans nos monts, comme avant quand on maudissait cette brume quasi permanente. Maintenant ce sont des courses hautes, dans des zones neutres, sans qu'on ait aucune explication rationnelle à cette fuite des nuages.

Le vieil Ouzbek est dans mon salon. Couché sur le canapé. La chemise ouverte sur sa peau grise. Sarah le masse, lentement. Elle me voit entrer, elle me regarde et m'intime de me taire («je t'expliquerai plus tard»). Le vieux respire comme si nous n'étions déjà plus là, dans un raffut qui fait mal au cœur. Je dis «bonjour, l'ami», il ne me répond pas. Il est occupé à respirer, et ça lui bouffe toute son énergie. Sarah lui parle à mots très doux, une complainte d'un autre siècle, on dirait une langue étrangère. C'est horrible à dire, mais ça me gêne qu'il soit là sur mon canapé, le sentiment qu'il contamine la baraque, ce vieux me fait peur, sentiment insensé, heureusement Sarah me demande de l'aider, et je retrouve consistance humaine. Elle officie avec méthode, elle est restée sage-femme, elle a cette douceur décidée qui leur appartient, quand le temps est compté, que le bébé doit vite sortir et qu'il ne faut plus trop écouter la douleur. Tout en le massant, elle lui parle encore, lui dit qu'il faut aller à l'hôpital sans tarder, elle ne peut que le soulager et il lui faut un traitement bien plus sérieux. De la chimio, des rayons, eh oui encore des rayons, peut-être une opération. Peut-être tout à la fois. Elle n'élude rien : « Vous allez mourir, si on ne vous traite pas rapidement.

— C'est bien. C'est bien comme cela, répond-il. Ils n'arriveront pas à me guérir, juste à me donner quelques semaines. Ça fait trop longtemps que ça tire. Combien il me reste ? » Sarah, là, ne répond pas. « Je vais vous faire une piqûre, ça va vous soulager pendant une bonne journée. Je viendrai demain soir vous en faire une autre. Pas la peine de vous déplacer, je viendrai. Gardez vos forces. »

Je remets mon attirail, et raccompagne le vieux, en le soutenant par la taille. Malgré les gants et la combi, je sens pourtant sa fièvre, ou je crois en tout cas. Quand nous arrivons chez lui, les gens ne se dérangent pas plus que ça, ils semblent surpris de me voir, ils m'indiquent une pièce où je peux l'allonger, je croise une des deux femmes dans le couloir, elle me demande : « Alors ? » Peut-être est-ce elle qui a approché Sarah. Je ne sais quoi répondre à son inquiétude. « Rien, ça va », coupe le vieux. Je l'installe. Je ne sais pas pourquoi ils vivent dans un tel dénuement, il y a un matelas, et c'est tout. Je l'aide à s'allonger, puis m'apprête à partir quand il me retient : « Tu leur dis rien, d'accord ? » Je lui promets, je lui réexplique comment appeler les secours, quels signes faire aux drones si jamais il changeait d'avis. « Je regrette rien, me dit-il, il fallait le faire, il fallait bien quelqu'un. » Je lui réponds que Sarah passera demain pour une nouvelle piqûre. « Oui, c'est bien », acquiesce-t-il. Ça, la morphine, il l'accepte comme si c'était raisonnable, dans ses limites. On n'en a pourtant pas de grands stocks, on ne peut pas trop la gaspiller. Là encore, je m'en veux de penser ainsi devant cet homme, il faut croire que cette zone nous assèche tous.

Quand j'arrive dans ce qui était avant un salon, et qui n'est plus meublé aujourd'hui que d'une longue table et deux bancs, les autres me regardent. Me transpercent, devrais-je dire. Ces mecs ont un regard insensé, j'ai l'impression qu'ils me détroussent et me dépiautent, peau retournée, comme

Les Terres animales

ils le font avec les lièvres qu'ils tirent. Sans être méchants, leurs regards invitent à tout, et à rien. « Pourquoi restez-vous ici ? » C'est la seule question qui me vient à l'esprit. « Parce qu'on ne peut plus retourner là-bas, se contentent-ils de répondre. Ailleurs, c'est pas fait pour nous. On préfère rester dans la zone. » « Il va mourir, c'est ça ? » me demande le plus jeune de la bande. « Il lui reste combien de temps ? » continue un autre. Je n'en ai pas la réponse, je n'en ai pas l'autorité. Je dis à nouveau comment appeler les secours. Je leur précise aussi que les sorties de la zone sont définitives. On reste ainsi quelque temps, un vieux poste de radio branché sur une chaîne inconnue, si lointaine, des grandes ondes sans doute, crachote gentiment. Une fois encore, leur musique est aussi belle que mystérieuse, tellement essoufflée, tellement vraie. Ils me servent à boire, on trinque en silence. Quand je sors, le plus jeune m'accompagne. « Luka, je m'appelle Luka », me dit-il. « Oui je sais », je réponds, même si je n'en étais plus si sûr que ça. Je lui redonne mon blaze en retour. Comme je vais repartir, il poursuit : « On lui doit beaucoup. Moi, en tout cas. Il s'est sacrifié pour moi, et pour quelques autres. » Je ne vois pas où il veut en venir. « Quand

Fred

on travaillait à la liquidation, on voulait pas perdre le boulot, on savait le risque, mais pas question de le laisser à d'autres. Si tu étais fatigué, tu étais viré. Lui, dès qu'on était malades, il nous remplaçait. Lui, il badgeait pour nous et truandait son compteur journalier pour pas dépasser le quota. Le compteur, quand tu le mets à la cheville, tu chopes moins de radiations. Des journées comme cela, il en a fait beaucoup. Normal, il nous disait. Moi surtout, je lui dois grave. Il le paye aujourd'hui.» Je choisis de faire comme eux, je ne réponds rien, je me contente de le regarder de mon air le plus profond. Lui, il hoche la tête, pensif. Comme s'il recomptait une à une les vacations faites en son nom par le vieux. «On repart chasser dans deux jours, tu devrais venir avec nous, on a retapé la petite cross, elle doit bien rendre maintenant. Tu pourrais monter avec moi.» Je l'observe, médusé. Il vient de me prendre à l'improviste. Comment refuser? «Pourquoi pas, je lui dis, vous partez vers les cinq heures, c'est ça?»

Quand je les retrouve, c'est noir encore. Pour la première fois, je les vois sourire franchement. Leurs préparatifs sont précis et rapides. Il fait très froid, tout le monde a envie de vite se mettre en route. Une thermos circule. Chacun en boit une petite gorgée. Mon tour arrive. C'est brûlant, fort, un vin chaud du matin, d'une autre contrée, en plus sauvage, pas de cannelle, pas d'artifice, un vrai jus de forçat. Je monte avec Luka, il est radieux, il fait tourner les gaz, je me dis qu'il va réveiller tout le patelin, mais il y a un côté marrant à cette affaire. Je m'accroche au porte-bagages, et il lance l'engin. À ce rythme, je me demande combien de temps je vais tenir avant d'être désarçonné et me retrouver le cul à terre. J'observe ces Cosaques. Aucun n'est vraiment bien protégé, ils ont de grandes parkas renforcées au plomb, des masques pourris, et un seul porte un compteur. J'espère qu'ils ne vont pas faire trop de conneries. Le sentier est suffisamment chahuté pour vite revenir à l'essentiel : rester en selle. Quand la lumière monte d'un cran, que le vert devient sensible et envahissant, qu'il tourne au bleu, je me dis que c'est bonnard, et je ne regrette pas. Mon fusil n'a pas servi depuis trois ans, je crois n'avoir pas trop perdu, et j'ai hâte de me mesurer à mes nouveaux potes. J'ai quelques scrupules vis-à-vis de Marc, je ne lui ai rien dit de cette escapade. Je ne sais pas si je lui en parlerai. Voyons déjà comment se termine la journée.

On fait un vrai carnage. Je ne sais comment on va ramener toutes ces pièces. L'impression d'avoir dix ans de moins. Une cure de jouvence. Je voudrais dire quelque chose à Luka, ou aux autres, je n'y arrive pas. Je suis comme un gosse, je profite de l'instant, de chacune de ces minutes. C'est déjà bien, ils le voient, que je suis heureux. Quand on dégomme le chevreuil, entre faon et chevrillard, j'ai un peu honte, je pense à Vic, elle me détesterait pour cela. Je trouve plein d'excuses débiles, mais la bête est bien morte, son corps réchauffe l'air, halo de ses dernières respirations. Forte odeur

Fred

de bête sauvage, toute jeune qu'elle soit. La thermos circule de nouveau. On improvise un repas autour d'un feu monté à une vitesse prodigieuse, on découpe sur la bête un cuissot qu'on cuira à peine, le braiser nous prendrait des heures, on va le manger presque cru. Je regarde les gars opérer. Ils me tendent de longs couteaux, m'offrent l'honneur d'officier. Tirer, je sais faire, et plutôt bien, mais j'ai toujours eu une répugnance à découper les animaux, même des petits, même à trancher le cou d'un oiseau. Je déteste ces quelques secondes où la chair encore chaude nous saisit les doigts, suave, doucereuse dans sa palpitation. D'habitude, c'est Marc qui se charge de dépecer. Luka, pris d'une étrange compréhension, me sauve, il prétend vouloir le faire, c'est son tour. Il s'active, avec des gestes adroits pour une de ses toutes premières fois. Il regarde les autres, il me regarde, et cherche un assentiment. C'est finalement rapide, des coups bien donnés, qui partent vite et traversent les chairs, parfois on sent le raclement des os. Plus tard, les gars badigeonnent le rôti du sang de la bête, ça craquelle sous le feu, ça crispe la viande comme il faut. Quand ils l'enlèvent du foyer, la barbaque hésite entre des roses pervenche et des teintes bien plus violacées. C'est bon de mettre les crocs dedans. À tomber.

C'est une journée, comme nous pourrions en vivre encore beaucoup d'autres. Un temps dans le temps, où on a l'impression d'arrêter le compte à rebours, d'une densité différente, insécable. Une journée qu'on est contents d'avoir vécue, et qui semble luire davantage, trophée qu'on contemplera plus tard au moment du grand remballage. Une journée de pure insouciance.

On rentre difficilement, tellement chargés. Les gars rient. Luka et moi aussi. On roule dans la nuit, des phares fluets, d'un jaune affadi. On cherche les trouées bleues dans le vague de la forêt et on y jette nos machines, on évite de justesse les caillots, on fait confiance à ces veines, on les espère clémentes et porteuses. Malgré la difficulté du trajet, Luka lâche la route du regard et se retourne pour m'observer, content de m'avoir emmené, comme soulagé que je casse un peu leur cercle, je ne sais pas pourquoi.

On est dans l'après. Je crois qu'on y est finalement plus à l'aise. Davantage que dans tout ce qui a précédé la catastrophe. Notre pacte de Faust, comme me l'a dit un jour Lorna, la quasi-certitude de finir nos jours plus tôt que la moyenne (*quasi*, car il y en a pour continuer à croire en leur bonne étoile) contre des vacances perpétuelles. Et, contre l'absence totale de sécurité et le devoir de se protéger en permanence, ce temps libre qu'on scinde à l'envi, dans des kyrielles d'heures essentielles. Étrange sentiment. On ne se rue pas sur ce temps, on ne le brûle pas, alors qu'on le pourrait, on respecte la vie, sans exagération, en s'offrant seulement des parenthèses comme aujourd'hui.

Dans notre folle descente, les sapins et les lauriers sentent plus fort. Cette nature augmentée se moque de nous et nous nargue. Aujourd'hui, je m'en moque, elle peut bien faire ce qu'elle veut.

Alessandro m'inquiète. Je rêve trop de lui. De son départ. Plusieurs fois je rêve, et il nous quitte : circonstances différentes, mais issue identique. Je le surveille, attentif à ses réactions. Il n'a rien à faire ici, aucune véritable excuse, pas de fondement. Nous aurions dû le ficher dehors depuis bien longtemps. Si nous étions de vrais amis, voilà ce que nous aurions fait. Qu'il se trouve une vie, saine, ailleurs, hors zone, il est encore temps pour lui de rencontrer quelqu'un, de se construire un peu d'avenir.

Je lui ai proposé ce matin qu'on se fasse un village qu'on n'a pas encore écumé. Nous sommes partis à vélo pour un paysage connu. Les maisons avec leurs rideaux. Derrière, dans les jardins, les projets des gens. Les terrasses commencées et pas achevées, les arbustes vite anarchiques, qui se fichent du monde et du moindre alignement. Les poubelles qui n'ont pas été ramassées, car il y en a eu pour vider consciencieusement leur frigo avant de se mettre en route, comme ils l'auraient fait avant de partir en vacances. D'ailleurs, il y a beaucoup de maisons bouclées, volets fermés, des gens prévoyants qui ont entendu parler des pillages, déjà vu cela à la télévision, des gens persuadés de retrouver leur bien. Un mélange d'urgence et de méthode.

Alessandro se met en condition. Il est propre, nickel. Il vient à bout de la serrure de la première baraque. La main sur la poignée, il se tait et attend avant d'entrer. *L'Esprit-Saint.* Alessandro laisse pénétrer l'Esprit-Saint en éclaireur. Il lui accorde quelques minutes. Pendant ce temps, je calme mon excitation, ma peur. Je me prépare à l'odeur. Je le regarde, on a exactement la même pensée, on sait ce qu'on ne veut pas croiser. Un fantôme qui serait resté là durant trois ans. Alessandro est l'ami idéal pour cette tâche. Précautionneux et méthodique.

Ce mec a débarqué un jour sans qu'on sache pourquoi. *Commercial régional*, comme il s'en est longuement moqué, il a choisi notre bled comme base de rayonnement, alors qu'il aurait pu s'installer en ville. Il a préféré élire ce trou, pas spécialement accueillant, ni central, ni bien relié au reste de la région, et il n'a eu que faire des bruits et des interrogations sur son compte, il nous a tous désarçonnés, avec sa bonne humeur et sa joie de vivre.

Les premières pièces, on les parcourt ensemble, on ne se sépare qu'après avoir repris pleine confiance. Dans le faisceau de ma lampe torche, la débâcle : les portes de placard encore entrouvertes, les valises pas retenues, trop petites, trop grandes, restées près du lit. Alessandro utilise un petit dictaphone à piles, il consigne ses observations, suit le même protocole, celui d'un médecin légiste. Je fais la chasse aux conserves, il vide l'armoire à pharmacie, *là, regarde, il y a des télécommandes !* Des piles ! Je récupère la carte électronique de la console (notre dépendance à ces maudits composants est effarante, à commencer par ceux de nos onduleurs photovoltaïques qui n'arrêtent pas de griller et qu'on est obligés de rafistoler). J'atteins une chambre. Je me raidis aussitôt. Je l'appelle. Pas besoin d'expliquer, il sait. Une chambre d'enfant avec des posters de Barbie. *T'inquiète, je m'en occupe.* Quand on a terminé notre collecte, on observe de nouveau un temps calme, un recueillement, l'exacte symétrie de notre arrivée sur les lieux. On regarde une dernière fois les photos des gens. Sur la table de la salle à manger, Alessandro laisse un papier qui explique ce qu'on est venus faire.

Dehors, ce même sentiment, un déjà-vu, la fadeur poisseuse des maisons abandonnées qui empreint les vêtements, qui attaque le crâne, maux de tête, suffocation, dégoût, inanité, tous ces gens finalement semblables dans leur fuite. On continue pourtant, comme si c'était capital. Ce qui fait mal, c'est de constater l'effarement, palpable, ces sentiments contradictoires qui ont traversé l'esprit, pensées inédites, inimaginables encore quelques heures avant l'accident. La panique, le désir de faire vite, ces mille réticences et hésitations aussi, les injonctions contradictoires (« Prends ça ! » « Ça, non ! laisse-le ! on n'a pas le temps »), des décisions sans grande cohérence, les objets saisis et reposés, trop lourds, trop fragiles, on les sent, ces remords, quand on se convaincra bientôt qu'on aurait pu faire l'effort d'embarquer cette babiole qui avait traversé les ans (mais après tout, on pensait vite revenir). Ces gens avaient une vie, pas forcément la plus glamour, leurs maisons étaient toutefois entretenues, et, si par manque de temps ou de budget les travaux étaient remis à la belle saison ou à l'année d'après, ces demeures vivaient, petit à petit, à leur rythme, au rythme de ces gens, elles n'étaient pas destinées à devenir ça.

Nous trouvons parfois de l'argent. Oublié dans la fuite, qui leur aurait pourtant été utile – plus qu'à nous ici. La première fois, il nous a brûlé les doigts. Mais le sentiment a germé qu'on pourrait en avoir besoin un jour, pour soudoyer un garde ou qui sait négocier notre départ. Nous avons commencé à le prélever, en notant scrupuleusement à qui nous le prenions, c'était un vertige particulier de toucher ces billets, rien à voir avec la nourriture ou quoi que ce soit d'autre. Le montant est vite devenu important, il fallait le conserver, ne pas le perdre, éviter de se le faire voler. Alors, avant d'en arriver à nous méfier de nos voisins, et d'entrer dans des arcanes trop débiles, nous avons arrêté. Quand on en voit, on le laisse, je ne peux pas dire que cela ne fait rien, mais on s'y habitue.

Parfois, et cela ne peut être qu'Alessandro qui les dégote, il a un flair pour cela, on se retrouve les cinq, toutes affaires cessantes, autour d'un mets de choix glané lors de la visite. Une bonne confiture ou un bocal de morilles qui paraît merveilleusement conservé. Nous sommes alors enfants, assis sur un tapis, jamais à table, uniquement préoccupés de partager cette douceur, seul motif de notre rencontre, rien pour nous en divertir, on ne parle plus ou juste ce qui est nécessaire : *regarde-moi cette petite merveille, elle est parfaite, elle n'a pas bougé*, des phrases insignifiantes et rituelles, nous cinq autour de la chose, comme si nous campions loin et haut dans la montagne, et que c'était l'ultime joie avant la nuit. Attentifs à faire durer le plaisir, rigoureux dans le partage, qu'aucun ne puisse se sentir lésé, occasion de montrer toute humanité et civilité, de faire honneur à cette bénédiction, persuadés qu'il s'agit de l'événement le plus important de la journée, de la semaine, et parfois ça l'est, puis les remerciements adressés à Alessandro, et les pensées pour ceux qui nous ont légué pareille merveille. Et ce plaisir assassin de n'en rien laisser, d'en taire l'existence à tout autre.

Si on est honnêtes, on a tous, une fois au moins, été dans l'autre vallée. Le chemin en coupant par la montagne n'est pas si difficile. Il faut une demi-journée de marche, pas la plus dure. Sur l'ubac, on voit la «maison de liaison» construite par le gouvernement, fortifiée comme en territoire de guerre, une construction de riches chez les pauvres, naturellement méfiante, hostile de tant de béton et de grilles automatiques, habitée de quelques gars déposés chaque lundi en hélicoptère, des transports sécurisés avec un grand luxe de précautions. Ces soldats ont des rotations courtes, ils ne restent qu'une semaine sur zone. Inaccessibles, à se demander ce qu'ils peuvent produire ainsi reclus. Un peu de maintenance, des relevés, beaucoup de relevés, qu'on pourrait faire à leur place, on leur a proposé, ils n'ont pas voulu, comme si on n'était pas assez fiables, comme si, ultime ironie, cela restait leur prérogative que de mesurer la lente dérive de la zone.

Cette «maison», au début, j'y allais régulièrement. Même s'ils ne me demandaient rien, je leur apportais un état précis de tout ce qu'on avait noté dans la zone. Ça parlait des gens aussi, je faisais un recensement, j'indiquais qu'untel était mort. Ou très malade. Les gars de faction ont toujours pris ces papiers du bout des doigts. Certains disaient quand même merci. Une fois, l'un d'eux m'a demandé d'attendre un peu. Il s'est fait remplacer par un collègue, puis a disparu pendant quelques minutes avant de revenir avec un petit paquet. «Du chocolat. Avec certains collègues, on s'est dit que ça pourrait vous faire plaisir.» J'ai failli l'embrasser, mais il a vite retrouvé sa posture de soldat, et ce mec, je ne l'ai jamais revu depuis. Quant au chocolat, c'est la seule fois où ils nous en ont donné.

Cette «maison», on se dit qu'on pourrait y trouver asile, une ambassade, et quelques jours après attendre le transport hors zone, je pense que cela a traversé l'esprit de chacun, sauf peut-être de Sarah. Pas au même moment, mais la tentation de cette fin un peu piteuse, on l'a tous vécue, même si on l'a vite enfouie, une fin abrupte avec, une fois les portes franchies, l'absence totale de retour – et ce serait toute sa vertu que de nous forcer à quitter les lieux, à rentrer dans l'ordre, à ne plus tergiverser. Peut-être finirait-on par le faire, si cette bâtisse se montrait plus accueillante, davantage bercail que bunker, peut-être y serait-on déjà, si on était sûrs d'y être accueillis et de ne pas être renvoyés comme des pestiférés.

Car je ne crois pas qu'il y ait un jour où nous ne sommes pas assaillis, souvent de façon assez rêche, pour ne pas dire sauvage, par le doute, par cette seule et unique question en tout point effarante : pourquoi rester en pareil lieu ? On a beau avoir nourri la bête de toutes les excuses possibles, l'avoir rassasiée d'explications rationnelles, d'autres moins, lui avoir expliqué ce qu'on fait dans cette zone et les satisfactions qu'on peut en tirer, s'être débattus jusqu'à évoquer Vic – ultime raison –, elle revient à la charge, comme si elle n'avait encore jamais rien entendu et qu'il fallait tout lui redire, et si possible lui procurer de nouveaux morceaux. C'est un combat qu'on livre la plupart du temps seuls, la bête nous attaque séparément et varie ses heures de chasse.

Les Terres animales

Elle nous prend parfois ensemble, tous les cinq. Des dîners qui commencent pourtant des plus classiquement : plaisir de se voir, soulagement de constater que Sarah fait l'effort pour la soirée, et qu'elle n'en refuse pas la douceur, elle répond à la gentillesse d'Alessandro sans crainte, sans aucune réserve. Elle vide sa flûte et se fait volontiers resservir par Marc. Lui, préposé au service des alcools, mission imposée par Lorna, *une femme ne se sert pas elle-même ! Oui, même pour un apéro à la bonne franquette*, substrat de bonnes manières qui ne saurait admettre aucune exception, à Neuilly comme ici, elle lui en a assez fait la leçon, on s'en est assez amusés. Moi, vite un peu saoul – ma façon d'oublier ce que nous avons traversé –, un peu spectateur de ma femme, intéressé au film des heures, soulagé de ne percevoir aucun écueil pour Sarah, la rechute sera demain, quand nous serons de nouveau seuls, quand je proposerai de sortir un peu, ou rester au lit, et qu'elle m'écartera, sans grande méchanceté, sans aucune méchanceté même, elle me tiendra simplement à distance et n'aura besoin de rien dire, peut-être un *laisse*. On n'en est pas encore là : Lorna engage, enchaîne, rebondit sur Alessandro, les deux font le show, à leur manière, mélange d'esprit et de trivialité, chacun se moquant de lui-même, livrant à l'édification de notre communauté quelques menus secrets jamais avoués ailleurs, allumant ainsi des feux joyeux pour la nuit.

Parfois, ces feux s'étouffent soudainement, la faute à un rien, une absence de rebond, la distraction passagère d'une Lorna ou d'un Alessandro, et on entend alors ce qui nous sépare d'une soirée ordinaire. On retrouve notre vallée et notre horizon de vie. Et la question, maillée à ce lieu et à ce temps : pourquoi rester ? Avec Sarah, nous avons une réponse, elle vaut ce qu'elle vaut, elle a le mérite d'être sincère. J'observe les autres. Qu'ont-ils à faire ici ? Que perdraient-ils à émigrer ? On vit sur un équilibre ténu, on se construit de – petites – justifications, on se convainc que notre herbe est plus verte, et sur ce dernier point la nature nous donnerait presque raison. On se lie, on se tient, satisfaits de cet écheveau, on l'enrichit, il y a maintenant l'histoire entre Marc et Sarah, une nouvelle raison de ne pas partir, un tour supplémentaire à la complication qui nous rive à cette terre, leur contribution en quelque sorte.

Pourquoi rester ? Question interdite. On se contente de la circonvenir. Par quelques affirmations un peu débiles, *c'est pas pire qu'ailleurs*, *au moins, on est tranquilles*, par de petites réassurances comme si on était en villégiature, *on n'est pas bien, là?*, puis, quand il faut dégainer le lourd : *maintenant qu'on a commencé*. Ce *maintenant qu'on a commencé* résume l'espèce de pacte qui nous étreint, il prévient tout délitement.

SARAH

Mon ventre s'arrondit. Il n'y a plus de doute. J'ai consulté le vieux docteur hier. Pour Fred, j'ai prétexté des soins à faire chez les anciens. La visite m'a confirmé ce que je savais déjà. Il m'a confié son matériel. Lui, derrière le lit d'auscultation : «Je vous laisse faire, je ne vois plus rien.» Son gel était trop vieux, la dessiccation rendait l'image pas fameuse. L'écran était d'un autre âge, mais je savais quoi chercher. Les premières minutes, il n'y avait rien, et j'en aurais presque ri. J'ai failli arrêter, soulagée. C'est le docteur qui m'a priée d'insister un peu. Il avait raison. Bien sûr, elle était là, irréfutable, petite masse qui créait un peu de trouble, une légère nébulisation autour d'elle. Il suffisait de faire jouer la sonde pour qu'elle cesse d'être ce petit galet noir, et qu'elle prenne ses reliefs.

Les Terres animales

Le vieil Ouzbek me l'a annoncé le premier, avant que je n'y croie moi-même. Il m'a demandé : « Tu es contente ? » « Contente de quoi ? » lui ai-je répondu. Il a juste souri en regardant mon ventre. J'ai mis les semaines sans règles sur le compte de ma fatigue, de mon âge, et même de la radioactivité. Pour une fois qu'elle pouvait servir à quelque chose. Pourtant une femme sait. Et je savais. Je ne voulais pas le croire. J'aurais pu faire des choses. Il était encore temps. Je ne l'ai pas fait. Comme si je n'en avais pas le droit. Comme si cela me fatiguait à l'avance.

Maintenant il va falloir l'annoncer. Et mentir. J'ai envie d'attendre encore. Je ne sais quoi espérer. J'attends le miracle. Ou l'inspiration. J'ai coupé avec Marc. Je lui ai dit que ce n'était plus possible. Son corps me fait pourtant du bien. J'ignore ce qui l'attire en moi, mais j'aime sa façon décidée de me prendre. Un beau vertige la première fois, et ça l'est encore.

Cela a commencé incidemment, peut-il en être autrement ? Nous, près du ruisseau. Besoin d'eau. Moi : «J'ai envie d'y mettre les pieds.» Lui : «Déconne pas, la zone est pourrie.» Il se reprend : «C'est vrai que c'est tentant.» Je l'observe. Il commence à enlever sa combinaison. Il quitte ses vêtements. Moi, amusée. Il me regarde, il me défie. Il est nu. Il me sourit. Moi : «Donc, tu es carrément dingue. O.K. alors. » Et je me dévêts, je crois assez rapidement, je ne sais plus. Il n'ose me regarder. On entre dans le ruisseau. L'eau pas si glacée qu'on l'imaginait. Il voit mon regard. Je m'approche. Je passe ma main sur son bras. Il est chaud. Mais cela ne veut rien dire, le bras ne veut rien dire. Alors, ma main à plat sur son torse. Lui ne dit rien. Comme si de rien n'était. On patauge un peu, on s'éclabousse, puis on le fait. On en rit, embêtés, presque prêts à l'avouer à Fred et Lorna dès notre retour tant cela nous semble incroyable, et hors de nous. Aucunement prémédité. Un truc de jeunes. De première année de médecine. Fort. Solaire. Débile. Anodin, sans conséquence. Presque plus ennuyés de nous être exposés aux radiations que de l'avoir fait.

Finalement, nous n'en disons rien. Petit secret entre amis. L'intuition que les deux autres ne le prendront pas aussi légèrement. Nous restons là-dessus, assez longtemps, le temps de nous voir à quelques reprises en compagnie de Lorna et Fred. Et de croire que c'est derrière nous. Puis Marc vient à la maison jouer au plombier : notre chauffe-eau solaire est mort. Fred est avec Alessandro en vadrouille pour la journée. Nous en plaisantons. Je dis à Marc sur son escabeau :

«En plein cliché!» Il ne répond rien, il est concentré sur la dépose du ballon, et les écrous sont totalement grippés. Je le laisse à sa tâche. Je reviens. Il m'attrape. Je joue l'étonnée. «Ah oui?» Je perds vite ma légèreté. Je comprends. Lui aussi, je crois. Il me paraît immense. C'est con. Comme si je ne l'avais jamais vu avant. Je lui dis : «Tu es vraiment grand.» «Oui», me répond-il. Que peut-il dire d'autre? Puis : «Viens.» La veille, baise avec Fred, cela faisait une éternité. Nous ne nous en étions d'ailleurs pas trop mal sortis. J'y pense. Curieux hasard. Et je me dis qu'il est bien plus costaud que Fred. Je m'en veux de faire des comparaisons. Ma culpabilité est vite annihilée, démontée dès qu'il entre en moi. Je jouis, mais je ne crie pas, pas comme la première fois, où, tellement surprise, j'avais lâché un hurlement de cinglée. Là, je pense à ne pas rééditer. Aucun cri. Juste trois grosses inspirations, puissantes, définitives, poumons bloqués, et un immense tremblement. Nous faisons plusieurs fois l'amour dans la maison, là où on peut. Pas dans la chambre, c'est tout ce que je peux sauver. Les fois d'après, nous décidons de squatter un pavillon, c'est mieux.

Au fil des rencontres, cela reste animal. Nous ne nous promettons rien. Nous nous contentons de notre corps-à-corps, deux à trois fois par semaine. Nous n'allons pas nous vendre une autre vie, là où nous en sommes. Pas non plus fantasmer sur un week-end en amoureux. On ne peut pas sortir de la zone. Et je ne crois pas que nous soyons tellement amoureux.

Et maintenant, il y a cet enfant.

Je continue d'aller chaque jour voir mon patient. Il s'habitue à nos rencontres. Il s'habitue surtout à la morphine. Avant qu'il ne sombre pour quelques heures de répit, nous discutons un peu. Le temps des histoires. Il regrette les virées en montagne. Pas nos montagnes, les siennes. Il me les raconte. Ocre. Balayées de vents. Le vent d'ouest qui amène l'âcre senteur des plaines, celui du nord-est pour les orages, et celui du sud qui rend fou. Cela fait longtemps qu'il a compris qu'il ne les reverrait plus, et bien avant l'accident. Une éternité que ses plans de retourner chez lui, son pécule constitué, se sont évanouis. La faute à quoi? À n'être pas parti quand il était encore temps. À vouloir grossir encore un peu sa cagnotte, pour être certain, une fois de retour, de l'acheter, sa petite maison avec l'atelier attenant. La maison s'est agrandie dans ses rêves, au fur et à mesure des années passées chez nous. Elle est devenue belle. Massive. La plus belle du village, certainement. Puis, au lieu d'empocher la mise, ou peut-être pour la ramasser plus vite, il a fait venir deux de ses garçons. Et il n'y a plus de retour maintenant.

Il n'y aura pas d'hélicoptère non plus. Au début, il est inquiet que j'intervienne contre sa volonté. Je le rassure. « On fera comme vous voulez, n'ayez crainte », voilà ce que je lui dis. Je crois que je lui dis même : « On respectera votre volonté. » Et je le pense sincèrement. J'y tiens, à sa volonté. Je n'ai pas toujours été comme ça. Longtemps, la médecine et ses pouvoirs sont passés avant. Et je me moquais bien de ce que les gens pouvaient penser. Je voulais les soigner coûte que coûte.

Quand il sait qu'il ne sera pas embarqué, il se détend, je crois constater un mieux pendant quelques jours, mais non, sa santé se dégrade à grand rythme, et bientôt ma morphine ne suffira plus. Je ne sais pas ce qu'on fera pour les quelques jours où il faudra attendre, et que lui devra souffrir. J'en parle aux femmes, elles n'ont pas l'air si inquiètes. La plus jeune, Sevara, me dit : « Ne t'affole pas, on saura faire. » J'ignore comment une gamine de vingt ans peut être aussi sûre d'elle. Je ne sais pas si lui sait ça. S'il est bien conscient qu'on ne pourra pas opérer la jointure en douceur, sauf à ce que je vide la pharmacie, et encore. Parfois, je me dis qu'il va partir, mourir seul dans la forêt, dans une tour de silence, on lit ça dans les livres. Lui, avant de s'endormir, il me regarde le ventre. « Tu n'as pas encore parlé à ton mari. » Il le dit sans méchanceté. Ni malice. Un simple constat. Il sait. Notre secret. Deux confidents dans l'obscurité des fins d'après-midi. Et il a raison. Je n'ai encore rien dit. Je n'en ai pas le courage.

Luka, qui guettait ma sortie, me demande : « Tu me préviendras quand ce sera presque la fin, d'accord ? » J'ai envie de lui répondre : « C'est déjà la fin. » Mais je me reprends : « Qu'entends-tu par là ? » Ma tournure est trop alambiquée. Il est perplexe. Il me sourit. Finalement, il met les points sur les *i* : « Quand il y aura plus que quelques heures, tu me préviens, d'accord ? » J'imagine qu'il y a des rites, chez eux comme chez nous. Et que c'est à lui, le plus jeune, de préparer quelque chose.

Deux jours après, je suis prise d'un pressentiment. J'y vais bien plus tôt que d'habitude. J'ai évidemment raison. Komil a passé une nuit atroce. Ce sont les femmes qui me le disent. Pas surprenant. Sa respiration est de plus en plus difficile. Chaotique. On sent qu'il doit aller la chercher loin, très loin maintenant. Un effort long et interminable. Parfois c'est encore régulier et beau à écouter, mais cela devient si rare. Les spasmes, rocailleux, terribles, reviennent de plus belle : des inspirations noyées, qui n'y arrivent pas, ou au bout du temps. Cela lui fait mal. Cela fait mal à ceux qui entendent. Sa tension est très basse. Il ne peut quasiment plus parler. Je n'ai pas le cœur à le rassurer. D'ailleurs, je ne crois pas qu'il me comprenne encore. Je le blinde en morphine. J'attends qu'il retombe inconscient pour le laisser. Cela ne dure pas longtemps. J'ai peine à quitter la chambre. Je prononce son prénom, « Komil », tout doucement. Plusieurs fois. Je regarde la seule décoration de la pièce, une mauvaise photo de montagnes punaisée sur le mur du fond et toute jaunie. Ses montagnes. Je prends congé. Je redis son prénom. Je lui dis : « Je vais y aller, Komil, je vous laisse. » Rien d'autre. Je ne lui promets rien. Je ne lui dis pas « à tout à l'heure ». Je croise Luka devant la maison. Je lui explique. Je retrouve mon ton d'avant, celui qui sert à dire ces choses. Je n'en suis

Sarah

pas moins démolie. À peine rentrée chez moi, j'entends le coup de feu.

À l'enterrement, il n'y a rien de spécial. Fred m'en fait la remarque : «C'est comme chez nous, finalement.» Oui, comme chez nous. Des gens tristes. Des mots. Qu'on ne comprend pas, mais des mots qui disent eux aussi l'amitié, l'amour, et qui, comme partout ailleurs, ont certainement leur part de remords. Les femmes un peu en retrait. Luka effondré. Je le regarde, je me dis qu'il faut un sacré courage pour faire ce qu'il a fait.

Ils sont contents que nous soyons là. Émus, je crois, que nous lui ayons trouvé un joli endroit, un des plus beaux du cimetière, et que nous les ayons aidés à creuser. Eux ne portent pas de combinaisons. Ni leurs vestes de plomb qu'ils utilisent quand ils partent en vadrouille. Les hommes sont tout en noir, dans des costumes cintrés, très lustrés aussi, avec d'étranges empiècements. Sevara et Maria, en longues robes brodées, croisées de châles fins. Nous sommes sous le soleil, puis l'averse vient précipiter le moment.

On se rend tous chez Lorna et Marc. Elle a préparé des brioches, comme si elle était là depuis des années et qu'elle connaissait tous les rites. J'ignore pourquoi dans notre coin on offre des brioches aux enterrements, j'ai toujours connu cela. Ils osent à peine entrer. La maison les impressionne. Elle impressionne un peu tout le monde à vrai dire. Mais Lorna sait faire. Elle bouge d'elle-même les tables, les meubles. Elle crée un peu de désordre qui rend les choses plus faciles. Quand elle a servi tout le monde, elle se met pieds nus, elle s'installe par terre, sur son grand tapis, adossée à son canapé pour manger sa part de brioche. Fred la suit. Et c'est bientôt tout le monde qui fait ainsi cercle. Dans le silence. Des sourires doux, apaisés.

J'ai beau essayer, j'ai du mal à cacher mon ventre. Et dès que je retire ma combi, c'est l'angoisse. Je porte des liquettes amples, mais quand même. Je regarde les quatre de la bande. Je sais qu'Alessandro m'observe en douce. Il a compris pour moi. Je n'arrive pas à croiser son regard, il est trop vif. Il ne dira rien. Pas de plaisanterie inutile. Il est trop sensible pour cela. Ce mec, sous des dehors ahuris, comprend le monde. Tous les mondes. Les drôles, les joyeux, les torturés aussi. Il sait instantanément où sont les limites. Je pense que Lorna a compris également. Il n'y a que les deux principaux intéressés qui s'entêtent à ne rien voir.

Qu'est-ce qui peut décider quelqu'un? Est-ce qu'une phrase aussi conne que «tu te remplumes, on dirait» est digne de précipiter des aveux qu'on retient depuis des jours? Il faut croire que oui. Fred – et j'imagine que cela se veut un compliment – me l'adresse ce matin. L'air très satisfait. Comme s'il venait de découvrir quelque chose. Et qu'il fallait vite m'en faire profiter. Accompagné d'un sourire niais au possible. Gentil, évidemment. Mais niais. Je me mets aussitôt à pleurer, et cet idiot croit que je le prends mal. «Sarah, c'était gentil, je n'ai pas dit que tu étais grosse.» Insupportable. Je suis grosse, très grosse même. Il faut être aveugle pour n'y voir qu'un simple regain de forme. Peu importe. Je pleure, parce qu'il n'a rien vu arriver. Et qu'il fait encore semblant. Il vient vers moi. Il m'enlace pour un câlin. Je le repousse. Lui demande de s'asseoir. Et je lui dis. Je lui dis que je suis enceinte. Pour commencer. Car cela me semble un bon début.

C'est difficile d'être un mec dans ces moments. Il faut avoir tout de suite la bonne attitude. C'est dur, et ça n'est pas donné à tout le monde. Fred ne l'a pas, la bonne attitude. C'est un fait. Je ne lui en veux pas. À dire vrai, je ne sais même pas ce que j'attends de lui. S'ensuivent des minutes de silence profond, où son index n'en finit pas de suivre le motif de la nappe, soudain hypnotisé par ces cases, pourtant bien carrées, sans grande ivresse, des rouges, des blanches, un véritable échiquier qu'il a sous les yeux trois fois par jour depuis que nous avons la maison. Il reprend souffle, il me demande si je suis sûre de moi en priant, à son ton, que je lui réponde : « Bien sûr que non, mon petit Fred adoré, rien n'est encore confirmé. L'espoir reste entier. » Il n'attend pas ma réponse et enchaîne : « Cela vaut peut-être le coup de refaire une écho ? Je veux dire, pour en avoir le cœur net ? » J'explose : « Putain ! oui, Fred, je suis sûre, je l'ai vu ! Je ne peux pas te dire si c'est une fille ou un garçon, c'est encore un peu tôt, mais il est bien là ! Aucun doute à avoir.» Quand j'ai douché ses espoirs, il réfléchit intensément à sa prochaine phrase. Il a conscience qu'elle marquera son temps. Kasparov sur son damier. Il tourne en tête toutes les suites. Le sacrifice du bébé est le développement numéro un, le plus joué à ce moment de la partie. À court de temps et de moyens, c'est celui qu'il me présente. Je le barre tout de suite. «Non. Pas possible.» Je veux ajouter : «Trop tard», je dis finalement : «Pas question!» C'est ma défense. Il me regarde, interdit, remué par ce cri du cœur. Moi-même, je me surprends. Pour le rendre moins absolu, je dis alors, plus doucement, presque une excuse : «Trop tard.» Il hoche la tête. Il comprend. Il accepte en tout cas. Il se refuse à ratiociner sur le «trop tard», si c'est vraiment «trop tard», etc. Je l'aime pour cela. Il abandonne avec classe.

Je le raconte avec légèreté, mais je n'en mène pas large. Je préférerais qu'il explose, qu'il me gifle, qu'il m'interroge sur le miracle d'être enceinte quand on baise une fois tous les six mois. Au lieu de cela, il me demande : «Tu lui as déjà dit?»

L'heure qui suit est nécessaire. Aussi belle que nécessaire. Elle éclaire. Il y a ainsi des moments où l'on comprend pourquoi on vit avec quelqu'un, et pourquoi on l'aime. Fred continue ses pérégrinations sur la nappe, ce n'est pas grave. Cela l'aide. Il n'a jamais autant été avec moi. D'ailleurs, peut-être l'a-t-il toujours fait, ce chemin, et peut-être est-ce simplement la première fois que je l'observe. Il le réserve aux heures qui comptent, ou il le fait à tout bout de champ, peu importe.

Peut-être est-ce exactement, et dans les mêmes circonvolutions maladives, celui qu'il a fait quand le médecin est sorti de la chambre de Victoire, qu'il a reposé sa mallette très doucement au sol et s'est assis à notre table de cuisine, me demandant de l'y rejoindre, Fred déjà là, les miettes pas encore épongées, la honte, tout avait été si vite. Le cri de notre fille déjà couchée, le repas terminé avec Fred, la situation qui dégénère dans la soirée, en quelques heures seulement, sans explication, alors qu'on espérait encore, les séances à l'hôpital semblaient produire leurs effets, pas bien spectaculaires, « ça se stabilise, c'est déjà bien », « dans ces cas, il faut savoir engranger les petits succès, et croyez-moi, c'en est déjà un ». Alors, tous ces mots, tout cet espoir, annihilés en quelques heures, le visage de Victoire hagard, pris d'épouvante comme si on la happait, et nous, là, impuissants à la retenir, juste bons à appeler le médecin. Son visage est tout à coup vieilli, on dirait celui d'une gamine déjà mûre, d'une douzaine d'années, quand elle n'en compte que six. Visage de ce qu'elle sera, de ce qu'elle pourrait être, étrange préfiguration, dont nous nous passerions, on a la patience de la voir grandir. Le médecin à la table. Le Samu appelé. Les secondes connues, déjà vécues avec d'autres, quand l'accouchement tourne à la catastrophe. Le médecin n'a pas besoin de parler, il parle quand même, il dit ce qu'on sait. « Quelques jours seulement, peut-être moins. » C'est quoi moins ? Je ne regarde pas Fred à ce moment, je ne vois pas où vont ses mains, s'il joue machinalement avec les miettes, combien de temps il va rester à table. Le médecin part, il promet de nous rejoindre à l'hôpital dans les deux heures, dès qu'elle sera installée, et bien sûr qu'il est là deux heures après, et bien sûr que cela ne sert à rien. À seulement soulager, à se dire qu'on fait tous quelque chose, attendre, patienter. Un monde qui s'agite et fait son possible pour tordre la fatalité, cet arc qui s'en prend aux fillettes de six ans.

Fred parle peu. Il me dit : « Tu feras ce que tu voudras. Je te soutiendrai, quoi que tu décides. » Je n'ose croire à ce miracle. J'ai peur de le dissiper, à vouloir être trop claire. Je me contente de sangloter et de le remercier. Je ne sais jusqu'où va sa compassion. Sa bonté. J'ai peine à nommer Marc, il faudrait pourtant, que nous soyons sûrs de bien parler de la même chose. C'est maintenant à moi d'imaginer les combinaisons. « Et si je ne lui dis rien ? », c'est la question que je lui pose. Il ne répond pas. Rien de méchant dans son silence. Il me regarde tendrement, encore sonné. J'ai l'impression qu'il n'a pas entendu, bien compris, alors je redis, je prononce le prénom : « Et si je ne dis rien à Marc ? » Il me sourit, presque soulagé. « Il n'y a aucun souci.

Cet enfant, c'est le tien, ce sera le mien, même s'il fait un mètre quatre-vingt-dix, et qu'il a des mains de bûcheron ! On n'a pas besoin de tout savoir, ni de tout déterminer. » Il continue, presque content du terrain trouvé : « Je lui mettrai des chiquettes tant que je pourrai, et après je le laisserai me prendre de haut. T'inquiète, j'arriverai à l'élever, notre géant. » Au plus fort de moi, c'est une fille, j'en ai l'intime conviction, improbable donc qu'elle et Marc se ressemblent comme deux gouttes d'eau. Peut-être en aura-t-elle les yeux, de cette couleur presque noire, bakélite, qui brille à la moindre émotion. Peut-être pourra-t-on déterminer, sur la simple foi des lois génétiques, les récessifs, les dominants, de qui est l'enfant, en tout cas esquisser ce qui est possible et ce qui ne l'est pas. Je n'ose dire à Fred qu'il y a quand même une chance qu'elle soit de lui, j'aurais l'impression de l'insulter. J'y crois si peu.

Je ne sais comment conclure, s'il faut conclure. Comment me lever de cette table, et oser mettre fin à la discussion ? Le laisser ainsi, après ce que je viens de lui asséner. Je regarde la fenêtre, le temps n'est d'aucun secours. Il ne neigera pas. Pas si tôt. Un temps plat, de saison. Pourtant, je voudrais faire des choses avec Fred, récompenser cet homme. Coucher avec lui, là, tout de suite, j'en ai envie, j'y prendrais du plaisir, mais tout semble si indécent. Jusqu'à lui proposer une promenade, cela fait tellement longtemps qu'on ne l'a pas fait. Je me contente de lui demander s'il veut un café. «Non, merci, mais vas-y, fais-t'en un.» Je n'ose me lever. Moi : «Tu m'en veux?» Lui : «Non, pas du tout. Enfin… je crois pas. Te bile pas, en tout cas, ça va aller, on va y arriver.» Il est à bout de fatigue. À bout d'émotion. Il se lève, il vient derrière moi, et il fait une chose terrible, il m'enlace et commence à me caresser le ventre.

On s'endort rapidement. Malgré tout ce qu'on vient de remuer. Deux masses. Il me serre dans ses bras. Il me gêne pour trouver ma position, et je n'ai pas le cœur de me dégager. Il me couvre. Je profite de sa respiration. Onctueuse, silencieuse, pas celle d'un homme. Plutôt un tout petit garçon, ou un animal. J'ai peu de place. J'ai l'impression de dormir ailleurs, de ces sommeils inconfortables mais si bons, qu'on fait en voyage sur des couchettes ou dans des lits de fortune. Je me réveille, qu'il dort encore. Comme si lui aussi était profondément soulagé.

Fred me dit à son réveil : «Je crois que tu devrais lui en parler, c'est peut-être plus correct. » Et c'est la vie qui se rappelle à moi, elle annonce l'absence de miracle, rien ne s'efface. Moi, effrayée et dérangée par ces mots. L'impression d'être à nu devant Fred, et que désormais, il en sera toujours ainsi. À nu pour la suite, et pour ce qui a été. Fred, spectateur de mes ébats. Il a vu, il voit. Il sait. Une petite fille prise en faute, avec le pardon qui l'accompagne. Humiliant, et inexorable. Se faire pareillement conduire chez son amant. Une complaisance qui me gêne. Je me remets à pleurer. «Tu sais ce que ça veut dire, n'est-ce pas ? » Il ne répond pas. Je demande à Fred : «Qu'est-ce qu'on fait s'il veut l'enfant ? » J'ai toujours du mal à prononcer le prénom de Marc, comme si j'aggravais la peine. «On trouvera une solution, il faut déjà que tu lui en parles. » J'ai l'impression de le tromper à nouveau, que ça n'en finit pas. De davantage le tromper encore. Là sous ses yeux. C'est comme si je lui disais : « Je vais voir mon amant. C'est lui qui va décider. Toi, tu n'as rien à dire. Tu restes là, tu attends. » Je ne sais pas s'il se rend compte de ce vers quoi il m'envoie. Je préférerais qu'il me mette à la porte, pour toujours, ou qu'il m'interdise de le voir. Je préférerais qu'il soit brutal. Il ne me demande même pas où c'en est avec Marc, si nous nous voyons encore, si c'est fini. Il ne me le fait pas promettre que c'est fini. Il pourrait, ça serait déjà un début. Un pas vers la logique des choses. Je lui dis que nous avons cessé de nous voir, je n'ose ajouter que ce n'était probablement que du cul, parce qu'il y a le « probablement » et que j'ai peur, en disant cela, de ne rien soulager, au contraire. « Très bien, d'accord », il me répond. *Très bien, d'accord*. Je n'en reviens pas. Comment peut-on dire cela ? Alors, je m'habille, et c'est terrible de s'habiller sous les yeux de son homme, je prends un temps fou à le faire, pas exprès, mais je n'y arrive pas, j'attends je ne sais quoi, qu'il m'arrête, qu'il me dise : « Attends ! j'ai bien réfléchi », sans que rien se passe. Je fais

Sarah

les gestes de façon machinale, je me maquille, parce que cela fait maintenant plusieurs semaines que j'en ai repris l'habitude, cela ne semble pas le choquer, il ne me demande pas pourquoi je fais cela, pourquoi je lui impose ce calvaire, cet affront, il ne se fâche pas, il n'y a que moi que cela choque.

FRED

La première chose qu'on décide de faire, c'est de partir tous les deux dans la forêt. Sans fusil. Simplement de quoi manger et dormir à peu près au sec. On part pour plusieurs jours. Cela va nous aérer la tête. C'est bon de se retrouver, de voir que rien n'est jeté aux orties. Pas sûr que ç'aurait été possible ailleurs. Ça ne me coûte rien, au contraire, je suis content de renouer avec Marc. De le voir seul. De me dire qu'on est au-dessus de ça. Ça n'a pas été sans mal pour lui. Il se sentait passablement merdeux. À plusieurs reprises, il a essayé de se justifier, de s'excuser, sans trop y arriver d'ailleurs. De toute façon, s'excuser de quoi ? D'avoir redonné la vie à Sarah ? Comme ça devenait n'importe quoi, pire que tout, c'est là que l'idée de cette virée m'est venue. On laisse Sarah aux soins de Lorna.

Les Terres animales

De ce côté-là aussi, c'est arrangé, et les deux préparent maintenant la naissance, comme deux amies le feraient n'importe où ailleurs. Il y a eu quelques nuits sauvages entre Marc et Lorna, elle avait beau savoir, je crois qu'elle a voulu marquer le coup, et elle lui en a mis plein la tête. Marc a bien cru que c'était mort, qu'il avait foiré quelque chose, et peut-être y a-t-il un peu de vrai d'ailleurs, qu'il en restera toujours une cicatrice, mais tout le monde s'est repris, et on s'est rappelé que, si on vivait là, c'était pour être ensemble, et qu'on n'avait pas non plus une éternité devant nous. Ce temps, on pouvait certainement lui trouver un meilleur usage que de le passer à nous détester.

Cela va nous faire du bien de quitter un peu notre coin. Marc est à cran. Et la frousse de perdre Lorna, puis l'immense soulagement de la retrouver, l'ont mis à vif. Un chien blessé. Il trotte partout, il entreprend vingt mille chantiers qu'il ne mène pas à bout, râle, dit que ce n'est plus possible de bosser ainsi, qu'il n'y arrivera pas. Je pense qu'il fait des conneries qu'il n'aurait pas faites avant, des choses pas si anodines quand on se balade en haut d'un toit. Plusieurs fois, je l'ai vu pas harnaché, et ça, malgré l'encombrement de la combi, c'est une chose sur laquelle il n'avait jamais transigé. Les «Gitans» comme il les appelle (on a eu beau lui dire avec Lorna qu'ils sont Ouzbeks, pour lui, ce sont les «Gitans») le mettent dans tous ses états, il ne décolère pas. «Nan mais, sans dec, t'as vu le chantier permanent à côté de leur baraque? Et leur brasier? Tu le vois comme moi, non? Putain, qu'est-ce qu'ils crament comme ça à longueur de journée?» Je me marre. Ça le fait monter dans les tours. «Évidemment tu t'en fous. Alessandro non plus n'en a rien à faire. Tu veux que je te dise, vous êtes des…» Il cherche ses mots. Se reprend : «Vous… vous déconnez à plein tube.» Je ne dis toujours rien. Je me contente de l'observer. Je sais sa colère déjà en train de refluer. Il suffit d'attendre, de ne surtout pas remettre une pièce. «Remarque, je m'en fous. Ils peuvent bien vivre comme ils veulent.»

C'est vrai que ces gars sont quand même à part. À force de les tirer comme des perdrix, ils ont réussi à dézinguer tous les drones qui nous survolaient. Cela fait plusieurs jours qu'on n'entend plus aucun ronflement de ces bestioles, je ne sais s'il faut s'en féliciter. Ça donne un côté presque inquiétant, comme si cette fois nous étions vraiment seuls. J'avais pris l'habitude de leurs ombres au sol, toutes fines, parfois on aurait dit celle d'une grosse libellule, il y en avait toujours un pour m'accompagner quand je partais en vadrouille, bien sûr que je m'amusais à m'en défaire, à le perdre en m'engageant dans les fourrés, cela n'allait pourtant pas plus loin. C'était un simple jeu. Parfois, je lui parlais, je lui disais : « Tu vois dans quelle merde on est. Au lieu de me filmer, prends plus large, et montre-leur la zone, montre-leur cette végétation qui devient folle. » C'est débile, mais je préférerais les avoir à proximité, ces fichus drones, maintenant que Sarah va bientôt accoucher.

Je surveille mon pote. J'essaie de deviner à travers la visière si les premières heures de marche le détendent. On ne dit rien, on ne parle pas, c'est bien trop tôt. Il faut d'abord imprimer le pas, faire attention à ce qui nous entoure, regarder le compteur s'affoler parfois, et se dire que sur cet aspect, rien n'a changé. On marque sur notre carte au feutre rouge ces zones survitaminées, on essaie en regardant la topographie et les vents d'en déterminer des lois – pourquoi tel coin est absolument pourri –, mais on n'y arrive pas. Il faudrait des calculateurs bien plus puissants que nos pauvres petites têtes et nos associations à deux balles. On les surligne en rouge, même si on les appelle les trous noirs, et il y a une fascination à s'y aventurer et à s'y perdre pour constater à quel point ils sont contaminés, se dire qu'on n'avait encore jamais vu le compteur s'affoler de la sorte et atteindre pareille extrémité, voir l'aiguille presque bloquée, totalement impuissante, tremblante d'être ainsi malmenée. On dirait deux gosses quand on se regarde les yeux effarés («on voit bien la même chose?»), hallucinés, mais pétillants. Nos mots sont toujours les mêmes («ah ouais, quand même», «putain, mec, regarde-moi ça, c'est une dinguerie là», puis on fait quelques pas : «Attends! Là, c'est encore pire! Là, mec, on n'a jamais été aussi haut!»), à presque oublier qu'il ne faudrait pas trop y rester dans ces fichus endroits, qu'on est en train d'épuiser notre capital quotidien, hebdomadaire, et que, si on voulait vraiment compter correctement, chaque minute passée dans ces trous noirs compte pour un mois entier dans la vie d'un homme normal.

Je profite de ces moments, je me réjouis des quelques repas au feu de bois qu'on va faire ensemble, je sais que le retour sera moins drôle, des tonnes de questions s'abattront vite sur nous. Sarah n'est pas inquiète pour l'accouchement, elle a été à la manœuvre tant de fois, souvent seule, sans le gynéco qui ne venait pas, ou trop tard. Elle sait faire, mais là il s'agit de son propre accouchement, et je ne peux pas m'empêcher d'être mort de trouille. On est livrés à nous-mêmes, il n'y aura aucun secours si les choses se passent mal. On en a déjà discuté. On calme Marc qui s'en reprend aux Ouzbeks («ces abrutis, s'ils n'avaient pas dégommé tous les drones»). «Tout ira bien, Lorna va m'aider, je suis en train de lui apprendre», nous rassure Sarah, avec beaucoup de patience, en se moquant un peu de nous. Elle ajoute : «À deux, ça devrait quand même le faire», puis quand elle s'aperçoit qu'elle a oublié les hommes elle se reprend en souriant : «À cinq, on devrait y arriver.»

On a chacun notre rôle. Les décisions liées à l'accouchement sont prises chez Marc et Lorna, dans une sorte de concile de guerre, qui a son agenda, ses conclusions, et ses multiples récapitulatifs, autant de check-lists qui nous seront utiles le jour J. C'est Alessandro qui en tient le secrétariat et nous fait penser à ce qu'on aurait pu oublier. Nous, les trois hommes, sommes les plus flippés, on n'en finit pas d'aligner les précautions. Parfois Sarah râle un peu : «Mon Dieu, les mecs, n'en faites pas trop! Vous savez, c'est naturel un accouchement, c'est quelque chose que les femmes font depuis des millénaires, sans trop avoir besoin de vous. » Autour d'un thé, nous nous détendons alors, et profitons de ce moment aussi fébrile que délicieux, tout autre sujet banni de la soirée, lequel pourrait rivaliser avec celui-ci ? L'alcool pareillement exclu tant que l'enfant ne sera pas né.

L'idée d'aller accoucher à la clinique qui est bien plus loin a été abandonnée. Trop de distance pour un bénéfice mineur. Cette clinique n'est plus qu'un lieu vide. Celle d'aller chez le vieux médecin également. Il ne voit plus rien, et son cabinet au fil des mois devient vraiment sale. Avec Alessandro, on a préféré rapatrier un lit médicalisé – quelle épopée ce jour-là –, les étriers, et tout. Jusqu'à la lampe du bloc rebranchée sur un groupe électrogène qu'on garde tout chaud pour l'occasion. On a installé la salle d'opération dans la pièce à vivre d'une maison, qui n'aura jamais mieux mérité son nom – je crois que les propriétaires seraient surpris –, on a tout repassé à la peinture blanche, on a nettoyé des jours entiers, cette pièce est désormais plus propre et plus stérile qu'une salle de la NASA. Et comme on n'aura pas des heures quand le moment aura sonné, Marc a construit des sas qui nous permettent d'y entrer rapidement, sans ramener toute la contamination de l'extérieur. Dedans, il y a tout ce qu'il faut, tout est doublé, voire triplé, prêt pour le grand jour. La chambre de la mère et de l'enfant, dans la même maison, et là encore on a tout remis à neuf.

Il y a une question à laquelle on n'a toujours pas répondu, même si elle nous brûle la tête : « Qu'est-ce qu'un enfant peut faire dans un pays comme cela ? » Quel avenir lui prépare-t-on ? C'est quoi sa vie ? Tout seul, sans aucun autre enfant dans la zone, coin pourri de chez pourri, sans avenir, sans la moindre prospérité, où chaque bouffée d'air est une gageure et où chaque aliment est suspect. Jamais – comme s'il ne fallait pas insulter l'avenir, ou nous porter malheur par des spéculations bien trop hâtives – un de nous n'a osé aborder le sujet. Et avec Sarah, on n'en parle pas davantage. Cette question commence pourtant à me bouffer le cerveau, je sais qu'il faut qu'on l'aborde, et je sais surtout qu'il n'y a pas trente-six mille façons d'y répondre.

On s'est installés pour la nuit. On a choisi un endroit abrité des vents et des radiations. Marc prépare le feu. Le menu sera simple, deux boîtes de conserve, périmées mais pas trop, des haricots et du bœuf, un vrai frichti de western. Des fruits au sirop, tout aussi périmés, pour le dessert. C'est bon, et je vois le feu prendre avec la satisfaction d'un enfant. Je ne cesse de me frotter les mains, je suis saisi de frissons, le froid bien sûr, la fatigue de cette journée de marche, le bonheur aussi, l'émotion d'être là. De regarder le feu, de faire durer un peu notre repas, et d'arriver à se parler. Depuis qu'on n'a plus internet, ni quoi que ce soit d'autre, seul Alessandro écoute parfois la radio et nous fait des points de temps à autre. Nos sujets de conversation ont sérieusement bougé. On ne s'engueule plus pour la politique, ni pour le foot, ni pour rien. C'est un miracle qu'on ait encore des choses à se dire. On est devenus assez forts en bouquins, assez trapus en musique, pas celle qui vient de sortir bien sûr, mais toute celle d'avant. Et il y en a assez finalement.

On commence à dégoiser sur la forêt qui a encore bougé, sur notre effroi, toujours le même, de voir que les taux ne s'améliorent pas, même pas un tout petit peu. C'est dur de se dire qu'ils ne sont plus à notre échelle de temps, qu'on pourrait vivre cent ans qu'on ne les connaîtrait pas meilleurs, aucune chance pour cela on le sait, mais c'est tellement difficile à encaisser qu'on se le redit chaque fois.

Puis, après s'être félicités d'avoir entrepris ce trip, et je pense qu'il est tout aussi sincère que moi pour s'en réjouir, il faut bien qu'on aborde la question. Celle de notre fille, je serais tenté de dire. C'est une fille, ça, on en est sûrs, on a été en bande faire l'échographie des quinze semaines. Voilà ce qu'on sait. Et comme on n'a pas su dire si elle était grande, si elle avait les yeux bleus ou noirs, ou quelque autre connerie de la sorte, on en est restés là. Moi en tout cas, cela me suffit, je n'ai pas besoin d'en savoir davantage, je l'aime déjà. On s'observe longtemps, on regarde les braises s'affadir, on sait qu'on va se geler ce soir, c'était prévu, et on comprend surtout qu'il est largement temps qu'un de nous se lance. C'est Marc qui s'y colle : « Parfois, je me dis qu'on est de grands malades de faire ça nous-mêmes. » Il est recroquevillé. Il est comme moi, il crève de froid. Ce ne sont plus des frissons qui nous traversent, ce sont de longs tremblements, qui nous prennent d'un coup, et nous tétanisent. Il faudrait remettre du bois, mais on n'en a plus sous la main, pas qu'on ne soit pas au beau milieu d'une forêt, on n'en a tout simplement pas ramassé assez. Et maintenant, il est bien trop tard. « Ça, tu veux dire l'accouchement ? » Il acquiesce.

Avec Marc, on se connaît depuis l'enfance. Je ne crois pas me souvenir que nous étions particulièrement amis au début, et notre chanson de gestes, sauf à vouloir la rendre plus belle qu'elle n'est, ne devrait relater aucun des quatre cents coups qu'on lit d'habitude dans les livres. On n'a ni volé, ni risqué la mort, je ne me souviens pas que nous nous soyons jamais échangé le sang, ni n'ayons promis ou commis quoi que ce soit de grand et de sublime. Il était là, j'étais là aussi, et dans ce village assez étanche au reste du monde, cela suffisait. C'était assez que deux garçons

Les Terres animales

passent leurs quinze premières années à quelques centaines de mètres l'un de l'autre pour devenir amis, nul besoin de chercher d'autres complications. On habitait de part et d'autre du grand garage qui avait longtemps fait la fierté du village, et de ma chambre je voyais le bout de son potager, il y était d'ailleurs souvent réquisitionné, et au printemps je l'apercevais, tôt le matin, s'y activer avec son père, avant l'école. Il était déjà grand, et il se cassait en deux sur les plants du paternel. Notre amitié avait pris un tour plus intéressant à partir de nos douze ans, devenue plus exclusive, aidée par le départ de quelques familles qui voulaient rejoindre au plus vite la vallée et ses bienfaits. Oui, c'est à partir de douze ans que notre amitié avait pris corps, et commencé à s'enrichir de quelques péripéties, rien de très sauvage ni d'épique pourtant, plutôt de l'ordinaire, mais vécu suffisamment fort et honnêtement. Des sorties ensemble à vélo, une passion aussi abrupte qu'éphémère pour le Tour de France – j'imagine que les victoires de Leblanc et de Virenque aidaient à cet enthousiasme –, et le chamboule-tout consécutif à ces années de vaches grasses nous en avait pareillement détournés. Les seules cérémonies initiatiques qu'on avait

Fred

partagées, c'étaient ces après-midi devant la télé et un peu de vélo, et, s'il fallait vraiment trouver quelque chose de plus charpenté, les journées tue-cochon où son père aidait le voisinage à dépecer la bête, des journées sales et bruyantes, le cri du goret proprement insupportable même pour des gamins déjà grands, des séances qui nous dégoûtaient plus qu'elles nous emportaient. Une amitié simple, donc, dont rien ne pouvait prédire la durée ni l'intensité. On ne s'était pas sauvé la vie, on ne s'était pas battus pour la même fille, et d'ailleurs on avait accepté assez facilement notre séparation quand il avait fallu aller au lycée pour moi, en apprentissage pour lui. Je crois qu'on ne s'attendait à rien, et il n'y avait donc pas lieu d'être déçus, ni surpris, ni inquiets par l'arrêt momentané, qui sait définitif de nos rencontres. Cela entrait dans l'ordre des choses, et ni lui ni moi n'étions des rebelles, nous n'avions pas une once de révolte.

Comme si le moment était trop beau, il me demande : «On va passer notre vie à juste être là ?

— On fait de notre mieux, je réponds, un peu cassé déjà. Tu veux finir la bouteille ?» Nous sommes deux gisants. Raides comme ils doivent l'être. Incapables du moindre mouvement. Seules ces phrases qui s'égaillent entre nous. Marc continue : « Qu'est-ce qui nous oblige ?

— Qu'est-ce qui nous oblige à rester ?

— Non ! qu'est-ce qui nous oblige tout court ! précise-t-il. Tu comprends, qu'est-ce qui nous pousse à faire cela ? » Je réfléchis. Je n'ai pas envie, malgré l'alcool qui me monte à la tête, de dire un truc trop vague. Puis je me lance : « On l'a choisi. On l'a accepté. Et maintenant qu'on est dedans, on le fait à fond. Et si t'y réfléchis, on n'est pas les premiers à faire ce genre de conneries. Pense aux tranchées, mec. On est dans une putain de tranchée. On est comme eux. On sait que c'est désormais là que ça se passe. On sait qu'on va se faire dégommer, qu'on sorte, qu'on reste, mais c'est trop tard pour faire quoi que ce soit d'autre. Ce sont les tranchées qui nous obligent. Rien d'autre. » Ça semble le laisser songeur. Il siffle d'admiration. Je sais qu'il me regarde. Puis il se marre. Et je me marre avec lui.

« Tu comptes faire quoi avec ta fille ? » me demande-t-il, presque effrayé de sa question. Ce n'est pas la première fois qu'il évoque « ma » fille. Je cherche les yeux de Marc dans l'obscurité, je ne les trouve pas. Il y a tellement

Fred

de crainte dans sa voix que je sais immédiatement qu'il n'y a aucun sous-entendu, aucune ironie, aucune méchanceté. C'est «ma» fille, parce que cela doit être comme cela, c'est la logique des choses, et il n'est pas question de compliquer inutilement l'histoire, cela fait du bien à tout le monde de se reposer de nouveau sur une situation conventionnelle, comme si tout, beaucoup en tout cas, était effacé. Il y a tellement d'inquiétude, de souffrance aussi, dans la voix de Marc que je sais qu'il ne fuit pas ses responsabilités, loin de là. S'il le devait, il la reconnaîtrait. Et lui qui ne pourra jamais avoir d'enfant avec Lorna, cette renonciation, si terrible soit-elle, il l'accepte. Il sait aussi qu'un jour il regrettera sa décision. Comme elle nous simplifie la vie, pour les années qui viennent, qui restent serais-je tenté de dire, il s'en contente. J'imagine qu'il va la regarder grandir, et que sa seule consolation sera de l'avoir à proximité, il pourra l'observer chaque jour, c'est ce qu'il se dit, c'est ce qu'il se promet, il passera du temps avec elle, il sait que ni Sarah ni moi ne lui en ferons le moindre reproche, bien au contraire. Je crois que ce sacrifice s'explique ainsi, sur la certitude de ne pas complètement la perdre.

Les Terres animales

Son grand corps est tout recroquevillé, tête enfouie, à la recherche d'une maigre chaleur, un monolithe sombre dans la nuit totale. On crève de froid. On devrait continuer notre conversation dans notre petite tente, au moins on y serait serrés, ça nous réchaufferait, lui prenant une place de dingue, étirant la tente de ses longues jambes, ou essayant de se contorsionner – chien de fusil, équerre, sur le côté, sur le dos, mille positions dont il ne cessera de changer, son sommeil large réclamant toujours plus de place. Mais cette conversation ne peut avoir lieu couchée, elle doit se tenir là, dans le noir, au froid, sur un feu mourant. Et avant qu'on ne se pieute : « Fred, ton histoire de tranchée, dis-moi juste que tu déconnes. »

L'accouchement s'est bien passé. Du mieux qu'on puisse rêver. Sarah me tuerait si elle entendait cela. Je pense qu'elle a énormément souffert, pas de péridurale, et, malgré toute la bonne volonté de Lorna, elle a assumé elle-même toute la charge du moment, a conduit cela de son lit, oubliant sa douleur pour mieux se commander et s'exhorter à pousser. J'ai soudain perçu la panique. J'ai entendu des ordres de Sarah à Lorna que je n'ai pas compris. Lorna qui a dit : « Tu es sûre ? » et la réponse de Sarah : « Oui, maintenant, vite ! »

Il s'est bien passé, au sens que ni elle ni ma fille ne sont mortes, et au contraire les deux semblent en bonne santé. Il s'est bien passé au vu des conditions, de cette chambre, et du peu de moyens qu'on avait. Est-ce de n'être pas à l'hôpital, ou de n'avoir aucune expérience d'un accouchement, je n'ai pu assister à la naissance de Vic, mais la pièce après coup m'apparaît comme une effroyable boucherie, une fin du monde, à cent lieues du bonheur et de la grâce attendus d'une naissance. Je suis sonné et ne parviens pas à profiter du moment, obnubilé par tous ces fluides, ce sang, le fatras. J'ai une envie irrépressible de nettoyer, de remettre tout au blanc quand les autres n'ont d'yeux que pour Sarah et Adèle. Je me dis : « Reprends-toi, va prendre ta fille dans tes bras », je reste au contraire collé au mur, la peur de tomber, incapable de rien, épuisé des dernières heures, j'ai tant dit à Sarah des « c'est bien, tu vas y arriver », sans trop savoir, des mots davantage pour moi que pour elle, que je suis à sec de réconfort, rien ne veut plus sortir. Ma tête congestionnée, au bord de craquer. Une douleur d'homme, insignifiante, ridicule en pareil cas. Je regarde Marc, il n'est pas beaucoup plus flambart. Seuls Alessandro, qui s'est autorisé à entrer quand il a entendu la délivrance – il couvait le groupe électrogène pour qu'il ne claque pas au plus mauvais moment –, et Lorna, magnifique sage-femme, surnagent.

Je trouve enfin la force d'enjamber le bordel de la pièce et d'aller vers le lit. Je souris à

Fred

Sarah. Je l'embrasse sur le front, ce n'est rien, et pourtant ça me remue, presque un effort. « Tu t'en es bien sortie », je lui dis. Elle me fixe, esquisse elle aussi un sourire. « Elle a failli mourir », abat-elle. Et comme je reste stupéfait, elle continue : « Si Lorna n'avait pas un peu ouvert, elle y restait. Peut-être moi aussi. » Elle me sourit de nouveau, mais il y a ce gouffre, quelques secondes seulement, assez pour comprendre. Elle me regarde maintenant comme si elle m'avait inutilement inquiété. « Prends ta fille, elle n'est pas en sucre.

— Oui, oui », je réponds, mais je n'ose pas.

Je l'entends déjà gigoter dans son berceau. J'entends Lorna se laver abondamment à côté. Ça n'en finit pas. Quand je me décide à me pencher sur ma fille, Lorna revient avec des aiguilles, du fil et des compresses. Elle demande à Sarah : « Tu es sûre de toi ? Tu ne veux pas qu'on aille chercher le vieux médecin plutôt ?

— Non, tu vas t'en débrouiller, je vais te guider, c'est plus facile dans ce sens », puis à nous : « Il faudrait vraiment que vous nous laissiez maintenant ! » Lorna respire profondément, et demande à Alessandro : « Surveille la lumière, s'il te plaît, ça va être un peu long. Je vais m'appliquer. »

Les Terres animales

Un simple regard à ma fille donc. C'est Vic. Pas sa sœur, pas quelqu'un qui lui ressemblerait beaucoup, juste Vic. Je revois toutes nos années, et aussitôt les premiers signes inquiétants, et vite la maladie. Je m'en veux de cette pensée morbide, comme si je connaissais déjà le temps. Je comprends mieux l'incroyable sanglot de Sarah, presque un hurlement, quand elle a vu Adèle. Comme si tout était maintenant bouclé, aigu au possible, comme si l'émotion d'une mère devant le nouveau-né n'était pas assez grande, indivisible, qu'il fallait ajouter la ressemblance, l'infinie ressemblance, la ressemblance surnaturelle avec la fille disparue, comme si toute la beauté et l'aigreur du monde se mêlaient aujourd'hui, s'intriquaient et se jouaient de nous. Comme s'il fallait qu'on observe Adèle, qu'on la voie grandir, avec le bonheur de retrouver sa sœur et l'immense frayeur de constater un jour que « ce n'est plus Vic », en être profondément tristes, ou autrement soulagés qu'elle ne la suive pas dans sa maladie. Comme s'il fallait tous ces sentiments ambigus, indécis, qui remuent un monde avec eux.

Marc me prend dans ses bras. Il me fait du bien. Oui, bordel, il me fait un bien fou, et, puisque ça ne suffit pas d'avoir deux mecs en train de chialer toutes les larmes de leur corps, Alessandro se joint à nous et nous étreint de ses grands bras maigres.

Devant la maison, il y a Luka, avec un panier, comme on en voyait avant. «C'est Sevara et Maria, elles vous ont préparé à manger.» Puis il se sauve. Il s'arrête, il demande : «Tout va bien, d'accord?» On ne répond pas, on ne peut pas répondre tellement on est morts. Mais il aperçoit notre sourire, il brandit le pouce bien haut, et il lance quelque chose de joyeux, un putain de cri d'allégresse, avant de remonter chez lui.

Quand Lorna sort de la chambre, les yeux exorbités, le visage pris de tics et d'une terreur rétrospective; quand je l'entends demander à Marc: «Sers-moi vite quelque chose à boire»; quand, avant qu'il n'ait eu le temps d'esquisser le moindre geste, elle s'empare déjà de la bouteille de gin, la porte à ses lèvres, et en siffle quelques grandes goulées, je comprends qu'on a été complètement débiles, que notre jeu est fini, et qu'il faut nous réveiller. Tout ce qui nous entoure, quoi qu'on en ait dit, n'est pas humain, et il faut vite s'en extraire. Et je comprends tout aussi clairement comme si c'était l'exact inverse, que Sarah n'a pas vécu ça pour rien, qu'elle n'a pas pris autant de risques pour elle et sa fille pour fuir maintenant. Elle n'abandonnera pas Vic, encore moins aujourd'hui qu'hier, et il faudra être très persévérants, à la déraison, pour espérer la voir fuir la zone.

Lorna se déchausse. Elle se déshabille et jette au sol ses vêtements pleins de sang. Elle se vautre sur un canapé, en culotte et soutif, la bouteille bien en main. Et elle s'insulte maintenant. Elle fait le même chemin que moi. Elle s'insulte tout doucement, dans une rage désespérée, elle se reproche d'avoir encouragé cette ineptie, dans un laïus où elle ressasse toutes les absurdités de cette vie, toute l'hérésie de notre utopie, cet orgueil malade et encore davantage, cet entêtement tragique, et malgré l'alcool elle est plus lucide que jamais.

Adèle. Adèle des ruines. Adèle de la radioactivité.

Adèle au berceau est un bébé ordinaire. Dans une chambre d'enfant elle aussi ordinaire. Avec ses murs joliment pastel et un mobile d'oiseaux sages. Elle dort paisiblement, et, si le champ de ma caméra s'arrête à ce cadre, elle dit le calme et le paisible. La caméra peut même s'aventurer jusqu'à la fenêtre, le dehors avec ses arbres bien en feuilles racontera à son tour le normal.

Son sommeil est couvé par Alessandro, sentinelle assidue, son grand corps maigre replié sur un tabouret, dans une posture qui doit être inconfortable au possible et lui déchirer le dos. Je ne sais s'il espère ainsi gagner son titre de parrain, titre que je lui attribue bien volontiers. Le choix d'Alessandro, au-delà des immenses qualités du bonhomme, arrange les bidons. Et évite à Adèle d'avoir

Les Terres animales

Marc pour parrain. En d'autres temps, oui, bien sûr, sans aucun doute, mais pas là. J'ai déjà dit à Alessandro à plusieurs reprises qu'il n'est pas obligé de s'infliger cela, qu'un nourrisson peut dormir seul, il me regarde de son air innocent. *Cause toujours !* Et quand je lui apporte un fauteuil, il me joue son outragé : pour lui, ces heures de veille s'effectuent sur un tabouret ou ne se font pas.

Lorna, la marraine, est moins présente. Elle s'est réfugiée dans ses champs. Je crois qu'il y a une fatigue, une peur rétrospective, qu'elle n'arrive pas à évacuer. Et quand elle n'est pas à ses cultures, elle est avec Sarah dans une proximité nouvelle, charnelle, qui nous supporte à peine. Les deux sont épuisées, c'est visible, et je ne sais pas si les longues heures qu'elles passent ensemble leur sont d'un quelconque réconfort, mais les hommes n'ont rien à dire dans cette histoire, je crois qu'on l'a tous compris, il nous faut patienter, croire en des temps plus doux, laisser cicatriser surtout.

Adèle a démarré un nouvel âge. Je n'aurais pas cru cela possible. Depuis le décès de Vic, ma vie était coupée entre cet avant et cet après. Même l'accident n'avait rien changé, c'était déjà l'après. Un après encore plus pourri, mais c'était resté l'après. Je sais qu'Adèle ne peut pas vivre dans ce temps fané. Autant la mettre tout de suite dehors et la laisser cramer aux radiations !

J'observe Sarah avec sa fille. Je la guette. Et chaque fois qu'elle s'approche du berceau, son appréhension si manifeste qu'elle me gagne. Je n'ose imaginer tout ce qu'Adèle remue d'idées contraires, les espoirs, les craintes, les pensées mêlées, la terrible idée que ce n'est peut-être qu'un recommencement. Sarah fait les gestes nécessaires, sa fille sous sa surveillance étroite. Au fur et à mesure de ce qui s'apparente à une auscultation quotidienne, je l'entends murmurer : «C'est bien. Oui, c'est bien», comme le disent tous les médecins. Sans grande chaleur, avec le soulagement toutefois que tout est en ordre.

Adèle lui sourit. Sarah l'observe. Peine à lui rendre son sourire. Pas qu'il n'y ait pas d'amour, mais il y a un tel chemin à accomplir, à se dire que c'est bien, qu'il n'y a là aucune trahison, pas le moins du monde, et que c'est même l'exact contraire. Il faut le temps de s'en convaincre, et quand j'observe Sarah, quand je me regarde moi-même, cette joie qui devrait nous habiter n'a rien d'évident. Je lui dis : «Elle est belle, hein ?» Sarah me fixe, soudain hébétée. Je vois sa gorge se nouer, le sang qui monte et s'affole, les yeux qui s'affolent aussi, ses sanglots soudains, les miens. Pourtant je ne la prends pas dans mes bras. Trop dur. On pleure à un mètre l'un de l'autre.

La caméra pointée sur ma fille dira l'ordinaire, le calme et le paisible. Oui, elle le dira. Et elle taira tout le reste. Ces jours qui défilent à une vitesse hallucinante. Et égrènent sans répit notre maigre sursis.

Six mois déjà, et notre monde est devenu fou. Un équilibre absurde. Nous entourons Adèle, petit joyau qui n'économise pas ses feux, et cela nous le faisons encore à peu près bien, dans une attention qui ne déparerait pas ailleurs. Le contraste n'en est que plus violent. Il y a désormais la chambre d'Adèle, joli sanctuaire, et le reste. Et ce reste devient insupportable, vide, angoissant. Nous sommes des corps qui errent, chacun son chemin et si possible le plus éloigné des autres. Des corps engoncés dans leurs combinaisons, et nos esprits divaguent encore bien plus loin.

Ce n'est pas un monde pour une gosse. Je crois que c'est devenu clair pour tout le monde. Sauf pour Sarah. Et toutes nos fausses excuses ne tiennent plus une seconde. Adèle explose gentiment notre équilibre fragile.

Les Terres animales

Nous jouons encore au foot, mais il n'y a plus de soirées. Je crois que Sarah et Lorna ont fini par se disputer, quand Lorna a dû constater qu'elle n'arriverait pas davantage que moi à la convaincre de mettre les bouts, que leurs longues conversations ne débouchaient sur rien. Elle vient encore à la maison, même si c'est de plus en plus rare, et uniquement pour Adèle, et toujours en la présence de Marc.

« Bon, c'est pour quand ? » Marc m'envoie ça dans le foie. « Quand quoi ? » je demande. Je sais pourtant. La partie de chasse qu'il a proposée n'a rien d'un hasard. Le même campement qu'avant la naissance. Mais mon pote est désormais remonté. Les quelques mois où un bébé peut rester tranquillement dans une maison touchent à leur fin. Ma fille n'a pas encore pris l'air du dehors, et elle n'est pas près de le faire ! Il lui faudrait pour ça une combinaison et un masque qu'on n'a pas encore bricolés. Et l'idée d'Adèle en promenade sous cet appareillage paraît si grotesque ! Alors, à la question de Marc, je devrais m'empresser de répondre « dès demain » ou « dès ce soir ». Je la boucle pourtant. Ce n'est plus tenable, mais Sarah ne partira pas. Cette discussion, je l'ai déjà eue avec elle. À demi-mot. C'était suffisant. Quelque chose comme « c'est chez nous, ici », et « ça ne change rien du tout ». Au fur et à mesure de ce qui n'avait rien d'une conversation, qui était pour Sarah le simple déroulé de ce qui devait être énoncé et acté, une progression pénible, exiguë, nécessaire aussi, et qui n'aurait plus à se produire, car définitive. Son regard s'était rentré : j'avais le droit de partir, mais seul. « C'est sa terre. » Sarah n'avait pas de colère, aucune volonté de me convaincre, c'était juste une évidence. Nous étions dans la zone depuis deux ans, elle savait pourquoi, « toi aussi, non ? » m'avait-elle demandé, et selon elle la situation n'avait pas bougé. Elle n'avait cessé de regarder la cheminée et l'urne remplie de la terre de Vic dans son béton. Et cette urne, si je la voyais aussi, produisait chez moi l'exact inverse, l'idée que nous faisions fausse route, et qu'il était grand temps de nous ressaisir.

« Promets-moi de la convaincre », me dit Marc. Je réfléchis. Je n'ai rien envie de lui promettre. Qui suis-je pour promettre quoi que ce soit ? « Cassez-vous ! finis-je par lui dire. Ça donnera peut-être le signal, tu comprends ? Sarah, elle admire Lorna. Même si elles sont fâchées. Alors, si vous partez, elle comprendra peut-être enfin. »

Les Terres animales

Quelques heures plus tard, je ne relate rien de tout cela à Sarah. Inutile. Elle se doute. Elle doit voir que les autres commencent à la prendre pour une demeurée. Et j'ai peur que cela ne la braque encore davantage. Je m'assois à ses côtés. Elle a Adèle dans ses bras. Elle m'accepte, un peu prisonnière de sa fille. J'attends le moment où elle va se détendre, il n'arrive pas. Elle reste crispée, sur ses gardes, et je crois qu'elle a raison de l'être. Au moins sommes-nous assis ensemble sur ce vieux canapé. Soudain elle me demande si je vais préparer à manger, et je suis alors le plus heureux des hommes. Quand la petite est couchée, je veux veiller au sommeil de Sarah. C'est peine perdue, elle sera encore debout quand j'aurai déjà sombré. Voilà les rares moments qui restent entiers, le reste se verrouille et se complique. Le reste se rétrécit.

Alessandro joue à Adèle des petits sketches où il prend de multiples voix, comme s'il convoquait autour du berceau une humanité qu'elle ne rencontrera jamais. Des copains, des copines, des animaux, des singeries toutes mignonnes. Il mime, s'agite, se lance dans des chorégraphies, et ma fille semble fascinée par cet échalas qui se déploie. Mais il n'y a plus que lui qui se déploie, et encore ! Hier, alors que je passais près du supermarché, dans une promenade que je continue de m'accorder, je l'ai entendu hurler comme un damné. Il était dans son antre. Au beau milieu du rayon puériculture. Tenant à peine debout tant il était à cran, chancelant dans un carnage de verre et de nourriture pour bébé, des petits pots qu'il examinait un à un, dont il regardait la date de péremption et qu'il fracassait aussitôt à ses pieds dans une extermination méthodique. Je lui ai demandé ce qu'il fichait. « Il n'y en a aucun d'encore valable ! » J'allais lui répondre qu'on était habitués, qu'on mangeait depuis longtemps des produits périmés sans trop de dégâts, que certains n'étaient peut-être pas si vieux que cela, mais il a dû saisir toute la flétrissure de ma pensée et, sans que j'aie à prononcer le moindre mot, il m'a demandé simplement si j'entendais donner de la nourriture avariée à ma fille. Fin des débats. C'est la première fois depuis que je le connais qu'il se permettait de me juger, et là il m'a jugé plutôt salement. Alessandro, c'est mon dernier rempart. Et il commence à vriller.

Et s'il fallait m'en convaincre encore davantage, s'il fallait m'infliger une deuxième rafale, c'est Lorna qui s'en charge. Elle me prend à l'écart de Sarah. Me dit qu'il est hors de question pour elle de fêter dans ce lieu les six mois d'Adèle. « Hors de question, tu entends ? Débrouille-toi ! » Elle insiste encore : « Hors de question de participer à cette mascarade ! Plutôt crever ! » Je ne sais quoi lui répondre, elle a raison. Je me contente de la suivre, à distance. Elle se dirige vers son champ. Je sais d'où l'observer sans qu'elle me voie. Il faut monter bien plus haut, j'ai le temps de le faire. Une fois installé, je la vois tourner autour de ses plantes. Et je crois un instant qu'à l'instar d'Alessandro elle va les saccager. Mais non. Elle enlève sa combinaison, se dénude au milieu du champ, bras en croix, la tête qui fixe le ciel. On dirait qu'elle lui parle, puis qu'elle le maudit, l'injurie. Je hurle, elle ne m'entend pas. Un cauchemar. Je hurle, elle reste nue à se faire détruire la peau et les os. Je dévale la pente, me casse la figure, déchire ma combinaison et j'arrive enfin à elle. Je prends son corps dans mes bras, je la secoue comme si elle était en transe, mais elle ne l'est pas, elle est très lucide au contraire. Elle me dit qu'elle s'expose ainsi depuis plusieurs après-midi déjà. Je presse sa main meurtrie, seule tache blanche et marbrée sur ce corps déjà rougi. Elle veut la retirer, mais, malgré mon gant de combinaison, je la retiens. Je relève ma visière et je porte à mes lèvres ce petit oiseau mort. Elle sourit : « Ça aussi, c'est Agro. Je ne sais pas ce que j'ai fabriqué, je ne me suis pas méfiée. Un concours de circonstances, une réaction en chaîne...

— Comme là-bas alors.

— Ouais, comme là-bas. Et tout aussi définitif. Ça m'a calmée à vie sur les engrais.

Et toutes ces saloperies chimiques.» Elle continue : «Tu ne me croiras pas, mais c'est un matin où j'étais partie pour sécher les cours. Je m'en souviens comme si c'était hier. Et puis je ne sais pas pourquoi, un shoot de mauvaise conscience, dit-elle en souriant, je me suis décidée à aller à ce foutu TP.» Je l'entoure de mes bras, dans un geste aussi vain que débile, engoncé dans ma combinaison, même pas fichu de l'enlever et me dénuder moi aussi, de faire naître ce contact entre nos deux peaux. Je reste dans mon scaphandre, pompier inutile, et je la rhabille avec d'infinies précautions comme on ferait pour un grand blessé, ou un bébé. Je réalise que, sans cet accident, ce n'était plus la même Lorna, ce n'était pas Lorna du tout. On ne se serait jamais connus. Mais elle était sortie de son lit. Elle interrompt ma divagation : «Je crois que je suis malade, tu sais. Pas à cause des derniers jours. Je pense que ça date de plus longtemps.» Elle me l'annonce ainsi. Je lui en veux, car maintenant j'ai envie de partir, j'ai une envie forcenée de partir, pas à cause de ma fille, mais pour elle. Je laisse Adèle pourrir dans ce bled et n'esquisse pas un geste, j'attends ce qui n'arrivera jamais, que Sarah veuille bien se décider – je n'essaie d'ailleurs même plus de la convaincre –, et là, pour Lorna, je suis prêt à tout quitter.

Quand je rentre, Sarah est assise avec Adèle. Je me glisse de nouveau à leurs côtés. Marc et Lorna m'ont donné trois jours pour la décider à partir. Et le délai est dépassé depuis bien longtemps.

Un avion passe. L'autre monde continue ainsi d'exister. Dans quel état est-il ? On n'en sait rien. Peut-être à la dérive lui aussi. À compter, comme nous ici, ce qu'il lui reste. Cela fait longtemps qu'on l'a laissé. Un monde qu'il est temps de regagner pourtant.

SARAH

Comme Sevara est à la maison, j'en profite pour aller dans l'autre village consulter le vieux docteur. Je veux sa confirmation à propos d'un traitement. Quand je viens seule, il ne râle jamais. «On est de la même maison.» Il me demande de nouveau où j'ai fait mes études, et de nouveau il essaie de se rappeler les confrères qui ont fréquenté ma fac. Je le laisse réfléchir. Il n'y en a pas. Il a déjà fait l'exercice il y a un an sans en trouver aucun. Il finit par se lasser. Il dit : «Je ne sais plus.» Il dit aussi «ça n'est plus bien beau là-dedans» et montre sa tête, comme un enfant. Son regard est légèrement décentré, perdu dans la recherche de l'autre, qui suis-je pour lui désormais, peut-être un faible halo. Pour le traitement, il me confirme avec certitude que c'est le bon, et je le crois. Je ne me trompe plus depuis longtemps. Il énumère des pathologies ressemblantes, traîtres comme il dit. Des symptômes sensiblement différents qui doivent nous alerter. Il teste mes connaissances, aimable et attentif. Je connais les cas qu'il me cite : ils me viennent sans difficulté, plus facilement qu'il y a quinze ans. Sensation incroyable de tout voir, de tout savoir. Une lévitation presque. Il me complimente. « Remarquez, on est bien obligés. » Qu'entend-il par là ? Je ne réponds rien. « On est bien obligés d'avoir juste. Sinon qui d'autre ? »

Il me demande comment elle s'appelle. Je lui souris. Il est mignon, tout petit derrière son grand bureau. Il a passé son tablier vert. Il le passe toujours, même pour une simple consultation. Le petit logo du magasin de jardinage s'effiloche. Il se lève brusquement. Je crois devoir partir, mais il me fait signe de rester assise, et commence à fouiller sa bibliothèque. Un temps infini, m'a-t-il oubliée ? Il finit par me tendre des livres : « Voici quelques munitions, mademoiselle – il m'appelle toujours mademoiselle –, le prochain tour de garde est pour vous. » Il sourit : « Il risque d'être un peu long. »

Le prochain tour de garde est pour vous, voilà ce qu'il m'a dit. Je peux en jurer. Je ne

Sarah

l'ai pas inventé. Quand je le raconte à Fred, il hausse les épaules. C'est devenu un tic, il ne s'en rend même plus compte. Il prétend que le vieux est increvable. Puis se ravise, et je l'entends murmurer « quel abruti ». Je ne sais pas pourquoi il se fait méchant comme ça. Il ne veut pas comprendre. Je lui montre alors les livres. « Tu crois vraiment qu'il me les aurait donnés, s'il ne se voyait pas partir ? » Fred me dévisage. Il se fige. Ça aussi, il le fait de plus en plus. Il dit « ouais » et s'effondre dans le canapé. Il regarde notre maison comme s'il la découvrait, là, ce soir. « Je suis prête – c'est ce que je dis à Fred –, je ne suis pas aussi calée que lui, mais je suis prête. » Il me regarde vaguement. Sans doute ne me croit-il pas. J'insiste : « Je suis quand même allée jusqu'en troisième année ! » Il est vautré. On dirait qu'il a passé la journée aux champs. Il a posé un coussin sur ses cuisses, il ne fait pourtant pas froid. Il le caresse comme si c'était un chat. Je lui réexplique la troisième année, quasiment validée, tout ce qu'on y apprend, tout ce qui peut nous être utile. Après seulement, j'ai bifurqué vers sage-femme. Il connaît l'histoire, il sait pourquoi ça s'est passé comme ça. « Alors, excuse-moi, mais oui, je pense pouvoir me débrouiller ! »

Les Terres animales

Il est surpris par mon ton. « C'est pas... – il cherche ses mots et agrippe son coussin – c'est pas la... Enfin, peu importe. Comme tu veux. » Je me rapproche de lui, mais il ne veut pas, comme s'il fallait tout compliquer. Parfois je ne le comprends pas. Il m'échappe.

Nous déraillons. Les derniers mois ont été bien trop durs. On ne peut continuer ainsi. Il y avait des périodes comme ça à la maternité. Des temps où rien n'allait. Sans qu'on sache bien pourquoi. Juste un long épuisement. Où les engueulades pour un oui pour un non claquaient dans les couloirs. Où même les paroles, les tentatives d'explications, ne marchaient pas toujours : des piques, de la rancœur continuaient de sortir. Comme si on ne pouvait s'en empêcher. Et qu'il fallait épuiser le pire. Il fallait parfois des mois pour tout redresser. Et c'était souvent quelque chose de bien sale, la mort d'une mère, un nouveau-né sans vie, qui nous remettait la tête à l'endroit.

J'observe les quatre, les uns après les autres. Je suis celle qui résiste le mieux. Ça n'a pas toujours été ainsi, je le sais. Ils m'ont souvent

Les Terres animales

portée à bout de bras, mais là c'est mon tour. J'ai cette lucidité. Celle que j'ai eue chez le vieux docteur. Une grâce. À moi d'être forte. À moi de les sortir de leur dégoût, de leur ennui. Avant qu'ils n'effacent tout ce qu'on a construit.

J'organise un dîner. Comme avant. Pour nous cinq. Quelque chose de beau, avec de jolies nappes, et la vaisselle brille aux bougies. J'ai passé la journée à confectionner des verrines. Les verrines, elle aime ça, Lorna. Quand elle nous invite, il y en a toujours. La maison sent bon les légumes. Des bocaux de notre réserve spéciale, et le vin aussi. Le vin qu'on s'était gardé pour «un jour». Eh bien je trouve que ça peut bien être le jour.

Quand Fred rentre de sa tournée avec Alessandro, il observe tout dans un regard qui me fait peur. Dans ses yeux, c'est comme si j'avais mis le feu à la maison. Puis il court à l'étage. Comme un fou. Quand il redescend, il pleure, avec sa fille dans les bras. Pourquoi pleure-t-il cet idiot, j'ai organisé un repas de fête. Il la cale sur le canapé. Il me prend dans ses bras. Me berce longtemps. Je lui dis que les autres ne vont pas tarder. Il continue de me bercer. Il dit : «Là, c'est bien. Voilà.» Je lui redis : «Fred, les autres vont débarquer d'une minute à l'autre. » Il continue sans m'entendre. Comme si je n'avais plus aucune voix. Alors je me débats, pas qu'on soit en retard. Je me suis suffisamment démenée pour que le repas soit prêt quand ils vont arriver. Lui me retient. Il m'étouffe. « Bordel ! Fred ! ils vont se pointer, et il faut que je termine ! » Alors, il se décide enfin à me lâcher un peu. « Sarah, il n'y a personne qui va venir ce soir. Personne, tu entends ? » Il me dit cela un peu méchamment. Je n'aime pas son ton. Je lui dis. Il s'excuse. Il s'excuse platement même. Sa voix rentrée, douce, presque sans souffle ne me surprend plus. Elle serait belle, et je l'aimerais tant, si je ne devinais déjà ce qu'il va dire. Il parle comme Lorna. Comme Marc, comme Alessandro aussi. Dans un chœur de plus en plus insupportable. Froid et mécanique. Sa gorge n'en finit pas de déglutir. Précautions infinies, chaque mot patiemment déminé. Mais de toute sa belle volonté, je sais où il veut m'emmener. *Notre vie a changé, il faut l'accepter*. Voilà le chœur. Cette fois encore il espère me verrouiller, et j'ai presque envie de lui éviter cette peine, lui dire d'arrêter, au nom de tout ce qu'on a vécu et enduré. Je n'aime pas qu'il s'épuise ainsi. Pourtant je le laisse, et peut-être croit-il m'amadouer. *Nous avons bien réfléchi, on ne peut plus vivre ici.* Et le chœur psalmodie encore : *Tu t'entêtes. Sarah, tu t'entêtes, et tu deviens folle.* Des mots inutiles. Nous nous regardons. Il comprend. Il comprend que ce ne sera pas encore pour cette fois. « Si t'as besoin de temps, on peut t'en donner un peu ! il me dit. Mais à un moment donné…

— À un moment donné, quoi ? » J'essaie d'être sereine, de ne montrer aucune impatience. Je n'ai aucune envie de lui faire du mal. Je ne suis pas en guerre contre le chœur. Il a simplement oublié sa terre, ce qu'elle est. Il a simplement oublié ce qui fait maintenant notre vie. La soirée va s'amortir sur notre silence.

Adèle ne peut pas vivre seule enfant dans cet endroit : il ne renonce pas encore. Je suis surprise. Je croyais qu'il s'arrêterait là, comme hier soir. Comme avant-hier soir. Mais je suis prête à veiller. Il ignore qu'il y en aura d'autres, des enfants. « Et Sevara, alors ? je lui demande.

— Sevara, quoi ?

— Évidemment tu n'as rien vu. » J'en souris. Je ne lui en veux pas. « Vous êtes tellement dans votre obsession de tout effacer que vous ne voyez plus rien. Alors je te le dis, elle est enceinte. C'est évident.» J'ai parlé trop fort. Bien plus fort que je n'aurais voulu. Je sais pourtant qu'il me faut être irréprochable, ne laisser aucune prise. Cela ne manque pas : à cause de mon emportement, il me regarde comme il regarderait une demeurée. «Non, je ne crois pas, Sarah, je ne crois malheureusement pas. Et d'ailleurs, avec qui elle l'aurait fait, ce bébé?» Je me moque de savoir avec qui elle l'a fait. Il est là, j'en suis sûre. Je ne veux pas me fâcher avec lui. Je lui dis simplement : «On en reparlera, d'accord?» Et il semble d'accord. Cela lui paraît une issue honnête. Il prend sa fille dans les bras. Il faut que je m'aère. Que je m'économise. Le chœur reviendra à la charge, et je dois rester impeccable.

J'enfile ma combinaison et je ramasse ce que je peux des verrines, de la vaisselle, et du vin. Je l'embrasse, il faut que je l'embrasse, j'en ai envie malgré tout. Il me dit : «Et elle, tu ne l'embrasses pas?» Je l'embrasse depuis toujours! Depuis qu'elle est née. Elle le sait. Je l'embrasse tout de même. Ne donner aucune prise. Je l'embrasse et je file chez les Ouzbeks. Eux seuls me paraissent à peu près vrais. Je dresse la table tant bien que mal. Ils me laissent faire. Ne comprennent pas, mais acceptent. S'assoient quand j'ai fini. En silence. Je bois. Beaucoup. Sevara s'installe à côté de moi. « Tu peux dormir ici si tu veux. Moi je vais chez toi et je m'occupe du bébé. » Elle m'emmène dans sa chambre. Elle me déshabille comme si j'étais une gosse. « Demain. On parlera demain. Maintenant tu dors. »

On dirait un cauchemar. Tout a pris un contour flou. Des images fuyantes s'enchaînent sans raison. Dans une logique qui m'échappe totalement. Ce qui était vrai ne l'est plus. Pourtant, certains détails restent aigus, précis et cruels à en perdre la tête. Avant-hier, ce repas n'a pas eu lieu, et Fred qui ose me prétendre qu'il n'a jamais été prévu. À se demander si ce n'est pas fait exprès, ce doute qu'ils instillent, cet isolement auquel ils m'astreignent. Je refuse encore de le croire, mais c'est de plus en plus difficile. Encore ce matin : je suis dans le champ de Lorna. Eh bien, il n'a rien d'un champ. Je ne suis pas agronome, mais n'importe qui pourrait le constater. C'est… c'est vide. Juste vide. Des lignes de plantes mort-nées, et c'est tout. Pourtant, autour de son lopin, ça pousse.

Ça pousse bien vert, dru, sans rien demander à personne, dans un contraste d'enfer, alors que fabrique-t-elle ? On dirait que tout ça a été machiné.

Quand elle m'aperçoit, elle me crie : « Et la petite ? » Je fais semblant de me retourner pour la chercher autour de moi. Ça ne la fait pas rire. Bon Dieu, comme si c'était mon habitude de l'abandonner. Comme si *justement* je n'étais pas celle qui veillait sur elle. « Sevara est à la maison, elle s'occupe d'elle » et je dis aussi : « Ça ne ressemble à rien, ton truc ! » Ça m'échappe, c'est idiot. Je ne veux pas la vexer, ce n'est pas pour cela que je suis venue. Je regrette aussitôt, je m'embrouille. « Ce n'est pas ce que je voulais dire », mais ça ne sert à rien. Je reconnais à peine son visage, il est crispé, tendu. Peint de vilaines couleurs. Ce n'est tellement pas elle ! Elle ferait presque peur, là, dans son champ vide. Une marée basse, un reflux définitif. Quelques corbeaux hantent encore cette friche, et s'acharnent sur un bout de viande, un petit rongeur sans doute. Le vent donne depuis plusieurs jours. Il me fracasse la tête. « Pourquoi tu nous as rien dit ? » Elle respire difficilement sous son masque. « Hein, Lorna, pourquoi tu nous as caché tout cela ? » Je pleure. Je ne veux toujours pas croire à cette apocalypse. « Arrête ! elle me dit, arrête ça tout de suite ! Tu sais comme moi que ce n'est plus le sujet. Qu'est-ce qu'il te faut pour comprendre ? » Elle me tourne le dos. Ça me fout en rogne. Je la rattrape, l'oblige à me regarder. Je n'arrive plus à parler. Ce qui sort, ce sont des pleurs, des cris à moitié nés. À peine compréhensibles. Je voudrais lui demander : « C'est quoi ton plan ? Faire la preuve que c'est mort ? », mais je ne sais même pas si ça sort, si je le prononce vraiment. Si elle l'entend même ! « Je pensais que t'y croyais un peu à cette terre, que tu serais capable d'en tirer quelque chose. » Voilà ce que je veux lui dire, et il n'y aurait même pas de colère, juste une immense déception. Mais elle ne m'entend vraiment pas. Nos deux protections sont cette fois trop lourdes, trop étanches. Et le vent qui nous encercle. Je la vois hausser les épaules, interdite à ma tête perdue, à mes mots noyés, impossibles à prononcer. Elle secoue la tête de façon mécanique, elle parle dans son masque, ne fait plus d'effort. Je lui demande d'articuler, alors elle répète : « La terre, cette terre, qu'elle vive, qu'elle crève, je m'en moque maintenant ! Ça n'a plus d'importance ! Tu comprends, Sarah ? C'est Adèle qui compte, personne d'autre ! » Et puis elle crie : « Tu entends la laisser cloîtrée combien de temps ? Hein ? Combien de temps ? » Je la perds. Il y a six mois, elle m'accouchait, et là elle est ailleurs. C'est ça, le plus flippant, cette contagion qui nous prend du jour au lendemain. Je vais pourtant pour la serrer dans mes bras, qu'on arrête avant qu'il ne soit trop tard. Qu'on redevienne amies. Elle recule. Je ne suis plus rien pour elle, elle refuse tout, et aussi mon pardon. « J'étais venue pour faire la paix. » « Laisse-moi. » *Laisse-moi*, voilà ce qu'elle dit.

Je m'habitue mal à leurs silences. Mais je tiendrai le coup. Je le prends comme un mauvais vent. Le vent qui rend fou, celui du sud. Il finira par se déloger. C'est ce que je me dis, *il finira bien par foutre le camp*. Tenir encore un peu, ne pas craquer maintenant. Et à ce jeu du silence, Fred est le champion. Je ne lui ai pas parlé du champ de Lorna, inutile. Il m'aurait traitée de folle. Sa Lorna. *Sa Lorna* qui ne peut pas se tromper, qui ne se trompe jamais. S'il savait. Je ne lui en veux pas, moi je ne dis rien qui puisse aggraver les choses. Je sens le satané vent. Je sens qu'il faut encore le laisser tourner, à sa guise, ne surtout pas l'entraver. Attendre. Simplement attendre. J'essaie d'être le plus calme possible. Plus tard, ils s'en souviendront. Ils se souviendront que j'étais droite dans la tempête. J'essaie d'être calme, de ne pas en rajouter, mais ils sont salauds avec moi.

Fred me regarde bizarrement. «Pourquoi me fais-tu cette tête?» je lui demande. Il répond qu'il n'y a rien. Il a son ton calme, ultramaîtrisé qui m'agace. Ça aussi, c'est le vent. Ça aussi, c'est fait pour que je m'énerve, alors je devrais la fermer, mais je dis quand même : «Tu fais la gueule, mais tu ne veux pas me le dire, c'est ça? Tu peux me dire si j'ai fait quelque chose qui ne te plaît pas.» Il ne réagit pas davantage. «Je ne fais pas la gueule, se contente-t-il de dire. Je suis un peu crevé.» Il se moque de moi. Je crois qu'il m'en veut. Je ne sais pas qui est allé lui raconter, mais il sait, c'est sûr. «C'est à cause de ce matin, hein? Tu me fais la gueule à cause de ce matin.» Je ne le dis pas méchamment, surtout pas. Toujours rien de son côté. «Elle était bien protégée, tu sais.» Et je lâche – même si je ne devrais pas le faire, je sais très bien que je ne devrais pas dire cela, pas là, maintenant, et même si je l'énonce doucement, ce n'est pas encore assez doucement : «Tu n'es pas le seul à savoir t'occuper de ta fille.» Il s'intéresse enfin à ce que je dis, il me regarde en tout cas. Je continue, calmement : «Elle aussi a bien le droit de la voir.» Il a l'air totalement éberlué. J'insiste. J'explique gentiment, je veux que cela reste une simple conversation, il n'y a aucune raison que cela dégénère : «Ne me regarde pas ainsi. Ça me semble normal qu'elle sache d'où elle vient», et là je dois m'énerver un peu, un tout petit peu, je hausse le ton, qu'il comprenne : «Ne compte pas sur moi pour laisser Victoire seule.» Il me coupe : «Attends! Tu es en train de me dire que tu es sortie avec Adèle?» «Oui je suis sortie avec elle. Voir d'où elle vient, c'est exactement ce que je te dis.» «Tu es une grande cinglée! Bordel! j'y crois pas!» Il répète : «J'y crois pas!» Il me dit aussi : «Tu sors un nourrisson de quelques mois dans cette merde sans protection!» Il me fait mal à me crier dessus. Ce n'est pas grave, je veux dire, je peux le supporter. Il faut que je le supporte. J'essaie de le calmer. Je lui explique que j'ai taillé un petit manteau dans une vieille combi. Il devient hystérique. Il gueule : «Un manteau! Tu lui as taillé un manteau! Et elle respirait comment!? Hein, elle respirait comment?» Il s'approche de moi. Il me fait peur. Puis il court à l'étage. Il peut courir. Elle est là. Elle est encore là.

Le lendemain, il est dans son atelier et il bricole. Je sais qu'il travaille à la combinaison pour sa fille. Il y passe des heures. Ça ne doit pas tourner comme il veut. Il appelle Marc à la rescousse. Marc arrive, et j'entends Marc hurler, lui dire qu'il est aussi con, borné, et criminel que moi. Je crois qu'il va frapper Fred. Puis, non. Il lui parle plus doucement. Peut-être l'aide-t-il même.

Alessandro regarde la petite avec beaucoup d'attention. C'est le seul à encore venir à la maison. Quand il débarque, il me salue vite, puis fonce dans la chambre. «Je me fais un café, tu en veux un?» Il refuse. «Pas cette fois, merci. Je monte simplement voir Adèle.» *Pas cette fois*, cela fait des jours qu'il me chante *pas cette fois*. Avant, nous prenions le café ensemble, il sortait des carrés de chocolat de sa veste, *notre secret* – il disait mi-sérieux mi-amusé : *j'ai honte, c'est de l'abus de biens publics* –, et on les mangeait avec gourmandise. Il me racontait ses années à Paris, des histoires intimes que les autres ignoraient, qu'ils ne devaient absolument pas connaître. *Jamais tu ne racontes ça à Fred ou à Marc, surtout pas, tu me promets? Jure-moi!* Je jurais. Je lui quémandais un autre carré de chocolat, *le prix de mon silence.* On gloussait tous les deux.

Je l'observe faire le clown dans la chambre. Elle aime cela. Je reste dans l'encadrement de la porte. « Tu peux en profiter pour sortir un peu si tu veux. » Il me le propose sans même me regarder. Quand il l'aura assez excitée, il va s'asseoir et lui chantera des comptines. Et elle se calmera aussi vite qu'elle s'est agitée. Il a un don. « Je suis là pour une petite heure, tu as le temps. » Je n'ai rien de prévu. Je n'ai plus grand monde à voir. Il le sait pourtant. Pourquoi insiste-t-il ?

Je comprends. En quelques secondes, il s'empare d'elle. En quelques secondes, ils arrivent à leurs fins. Je rentre de ma virée, et la maison est vide. Je me rapproche. « Tu n'oserais pas, n'est-ce pas ? » Je suis tout près de lui maintenant. J'aimerais qu'il me regarde bien droit dans les yeux. « Tu n'oserais pas me faire un coup de pute pareil, hein ? Pas toi ! » Il me dit : « Sarah, qu'est-ce qui te prend ? » Je n'ai pas pu me retenir. Il fallait que je le dise, que je dise des mots durs. Elle commence à pleurer. Comme il ne répond pas, je lui laboure la poitrine de mes poings. Des petits coups de rien que j'assène pourtant. Comme dans un cauchemar. Je lui demande

Sarah

de me regarder, d'avoir ce cran. D'oser m'avouer que les autres l'attendent, déjà dans la voiture, prêts à se précipiter à la maison de liaison. Elle pleure plus fort, elle hurle même. Elle suffoque. Je voudrais qu'il me dise que je deviens folle, que c'est lui, juste lui, et qu'il n'est là que pour jouer avec ma fille. Que rien n'a changé. Mais il ne dit rien de tout ça. Il n'a aucune envie de me rassurer. Il me supplie d'arrêter, pour elle. Il s'écarte du berceau. Il lève les bras au ciel comme s'il se rendait, un geste con, un geste très maniéré, de film pourri. «Calme-toi, Sarah. Je vous laisse. Je vous laisse maintenant. Calme-toi, je t'en supplie.» Il s'écarte de moi à reculons, comme il le ferait devant un chien sauvage. «Je ne viendrai plus, tu entends? je ne viendrai plus.»

J'observe Fred. Il fait pourtant les mêmes gestes. Exactement les mêmes gestes. Le temps insensé qu'il prend pour préparer le café, comme s'il était au grain près. Le soin avec lequel il nettoie la cafetière, cette lenteur maladive, exaspérante. Il continue ainsi. D'écouler et d'écrouler le temps. Je devine tout ce qu'il y a derrière. Ils se voient. Maintenant l'urgence du départ, il faut me mettre devant le fait accompli. Eux exaspérés, le chœur qui demande *tu lui as parlé ?* Ces *alors ?* qui crépitent. Leur vie désormais fébrile, inquiète. Leur dissimulation. Et bientôt le village vide. Malgré nos efforts voué à l'absence des hommes. Ils se préparent à prendre les choses en main, et à les écouter il n'y a rien à faire, sauf capituler, se plier à leur verdict, au monde qu'ils défendent.

Les Terres animales

Je brave le vent et je vais à la maison où j'ai couché avec Marc. Je sais qu'il y a une cave. Après l'amour, Marc était allé vérifier s'il ne restait pas une bonne bouteille, mais Alessandro et Fred avaient déjà tout ponctionné. *Un vrai petit bunker!* avait dit Marc en remontant. *Fortifié comme pas permis. À croire que les mecs craignaient que les rouges ou les schleus débarquent un jour.* Ce trou, c'est bien. Quand ce sera le moment, et ce moment ne devrait pas tarder, ils ne viendront pas me chercher là. Il n'y manque presque rien. Juste changer le matelas qui est bouffé par les rats. De quoi attendre. Qu'ils s'épuisent à me chercher, qu'ils me foutent la paix. Qu'ils réfléchissent un peu. Qu'ils reconsidèrent. Tant que je serai planquée, ils n'oseront pas partir, maintenant j'en suis sûre. Le temps passant, leur idée leur paraîtra peut-être ce qu'elle est, totalement inutile. S'ils n'ont plus les couilles, c'est leur problème. Je resterai là tant qu'ils ne reprendront pas leurs esprits.

Elle pleure. Elle pleure depuis ce matin. Je tire le matelas d'une chambre pour le descendre à la cave. «Je nous prépare une cabane, ma chérie!» Cela ne la calme pas. Le matelas pèse une tonne et se coince dans l'escalier. Je pousse comme une dingue. Elle

Sarah

continue à hurler. Et elle commence à me taper sur les nerfs. Évidemment elle ne peut pas comprendre que c'est pour son bien. Je lui crie pourtant : « Arrête ! C'est pour toi, c'est pour toi que je fais ça ! » J'essaie de pousser le matelas, me faufile tant bien que mal dessous, il vaut mieux le tirer, bloqué comme il est. Je pars à la renverse et chute lourdement. Je ressens une énorme décharge dans la jambe, je viens de m'arracher un tendon. Sonnée, sur le dos, dans la cave. Et elle qui continue à pleurer. Je crie : « Tais-toi ! Je t'en supplie, tais-toi ! Maman arrive bientôt. » Sans effet. Au contraire, elle hurle de plus belle. J'essaie de me relever, mais c'est difficile. C'est même impossible. J'entends du bruit dans la maison, et elle qui braille. Puis, comme par magie, elle s'apaise. Elle gazouille. La voix de Sevara. « Sarah, tu es où ? » Elle parvient à dégager le matelas. Elle réussit à me remonter. « On rentre chez toi. » Elle ajoute : « On ne dit rien. Fred sinon il est en colère. »

Depuis plusieurs jours, le chœur se fait plus sourd. Peut-il avoir changé d'avis? Est-ce que j'ai réussi? Alessandro est venu faire la paix. Il m'a apporté du chocolat. Il avait sa tête un peu nigaude. Et ses mimiques bien sûr. Que j'adore, qu'on adore tous. «Je peux la voir?» il m'a demandé, et j'ai perdu toute méfiance, je l'ai laissé. Il a même accepté ma tasse de café. Nous n'avons pas beaucoup parlé, mais j'ai pris sa visite comme un mieux. Évidemment, peut-être n'est-ce qu'une manœuvre du chœur pour m'endormir, mais je suis tellement épuisée que je refuse d'y croire. Je n'ai plus la force d'être en guerre contre eux. Le vent s'est tu, je le prends comme un autre signe.

Je boite. Fred s'en est inquiété. Un faux mouvement. Voilà ce que j'ai prétexté. Mais je me force à sortir un peu. Pas pour les voir, pas encore, simplement sortir. Je vais vers le haut du village. Et je vois Marc affairé sur le toit de l'église. Que fait-il là ? Il ne croit pas en Dieu, pas que je sache, et aucun de nous n'y a remis les pieds depuis le baptême de Victoire. Voir Marc en haut de son immense échelle me rend heureuse : il ne retaperait pas ces vieilles pierres, s'il n'était accroché à ce coin, s'il voulait le fuir dans les jours qui viennent, ça se pourrait donc que le chœur en ait fini. Il y va avec entrain. Il est déjà haut sur la toiture, mais je vois chacun de ses gestes. Ses énervements aussi quand les tuiles ne s'agencent pas comme il faudrait. Il leur parle, il les menace de tous les maux, puis comme prises de crainte elles coulissent et s'emboîtent enfin. Il progresse plutôt vite, et ses mouvements sont alertes malgré la combinaison. Je nous revois tous au baptême. La journée avait été radieuse. « Un beau sacrement », m'avait complimentée la mère de Fred. C'était pour elle, pour lui offrir un dernier petit plaisir, que nous avions consenti à l'organiser. Quand Victoire était déjà très malade, j'y avais repensé à cette cérémonie, à ce qu'elle signifiait, à ce qu'elle promettait, ou plutôt à ce qu'elle ne promettrait jamais : sans amertume, sans rancœur, c'était une belle journée dans la tête de tous ceux qui l'avaient partagée.

Je vais me poster en bas. Moi : «C'est dur?» Lui : «Ça va.» J'ignore pourquoi, mais ces quelques mots me mettent en joie. On se parle comme avant. Deux petites phrases qui ne vont pas bien loin, mais qui réchauffent. «Il y a du vent là-haut?

— Non, il est tombé.

— Tu as faim?

— Pas tout de suite, j'ai prévu de faire une pause dans une demi-heure.» Alors je cours lui préparer à manger. Quelque chose de bon, de pas trop lourd, car il y a derrière une grosse après-midi de travail. Il descend quand je suis de retour avec ma gamelle. «Tu veux peut-être manger à la maison?

— Non, c'est bien là, il me répond. On peut profiter du soleil.» «Comme avant», j'ai envie de dire. Mais je ne le dis pas. Ce moment est trop précieux. Il mange d'appétit. Il me parle à peine. Un «c'est bon», et c'est vrai que c'est bon. Ça n'a jamais été aussi bon. Le soleil n'est pas lourd, mais suffisamment chaud. «Pourquoi tu la répares?» Je ne devrais pas poser la question, je vais peut-être tout gâcher, mais je demande quand même. «Il y a un énorme trou depuis les orages d'octobre. L'eau coule à l'intérieur dès que ça tombe un peu. Ça va ruiner toutes les boiseries du chœur.» Je ne dis rien. Je bénis ce trou, je bénis ces travaux. «Tu ne t'attaches plus?

— Il y a des endroits où c'est difficile. Presque plus dangereux, mais t'inquiète je fais gaffe.» Puis comme si le temps le rattrapait, il me demande: «C'est Sevara qui...?

— Oui, c'est Sevara. Te bile pas, elle est en de bonnes mains.» Il me sourit. Il sauce son assiette et se lèche les doigts. Je sais qu'il n'oserait jamais le faire devant Lorna. «Tu veux voir à l'intérieur?» Je le suis. Il me montre là où ça coule, le bois déjà bien abîmé. «Ça, c'est mort jusqu'à la moelle. Il faudra que je le change aussi. Mais on verra plus tard.» Oui, *on verra plus tard*, on a bien le temps. Je n'ai pas le souvenir que l'église était aussi sombre. Les statues sont quelconques. Sauf une, une très vieille pièce en bois du Moyen Âge. Elle a gardé une partie de ses couleurs d'origine. Je me dirige vers elle. Elle a bien morflé au long des siècles. Une Vierge à l'Enfant. La main qui devait chapeauter la tête de l'enfant a disparu. Il n'y a plus qu'un moignon de ferraille. Elle est belle pourtant, cette femme. Marc se rapproche. Il respire fort. Comme moi, il a enlevé sa visière. On fait confiance au Dieu des églises pour nous garder de la contamination. « Je vais devoir y retourner », il me dit, mais je sais que c'est faux, qu'il veut rester, qu'il suffit d'un rien. Et ce rien, je le fais. Je prends sa tête à pleines mains et je l'embrasse. Je l'embrasse comme je ne pourrai plus jamais embrasser. Il accepte mon baiser. On le fait. Très lentement. Très fort. Je pleure de son sexe, de son corps qui m'écrase sur la dalle, son corps immobile qui bouge à peine en moi, son corps posé là, sur moi, pour une éternité. L'église fait d'infimes bruits, et, si ténus soient-ils, ils résonnent : nos murmures, notre lente jouissance à l'unisson. Il nous faut beaucoup de temps pour reprendre nos esprits, et je retiens, de mes mains, de toute la force de mes bras, son corps contre le mien. Bien entendu, on vient de nouveau de tout compliquer, il le sait aussi bien que moi, mais je ne me vois plus me passer de lui. « Je te veux tous les jours ! » Aussi sec il se dégage un peu de moi et remonte son slip. Ça me fait rire. Je ne savais même plus en être capable. Je lui montre la statue qui nous surplombe : « Elle n'est pas fâchée, t'as vu ? » Il sourit. L'enfant a un curieux regard. Marc dit : « On a choqué le gamin.

— Il apprend comme ça. » Il se relève, m'aide et m'attrape dans ses bras. Il a cette façon à lui de le faire, pas celle d'un amant, plutôt celle d'un grand frère. Moi : « J'ai de nouveau envie. » Il ne répond rien. J'insiste : « Pas toi ?

— Si, mais pas là. »

Ça fait cinq jours qu'on se voit. Je lui apporte sa gamelle. On le fait. Je ne pense à rien. Je suis heureuse. Aujourd'hui, il va très vite en moi. Je suis surprise, mais je ne dis rien. Je ne vais pas y arriver. Pas comme ça. Ce n'est pas grave. Pas grave tant que je l'agrippe à moi. Mais il se libère vite de mon étreinte. « Qu'y a-t-il ? » Il s'assied. Me prend la main. Je n'aime plus trop ce geste. Ça ressemble trop à Fred. Ça ressemble trop à ces dernières semaines quand le chœur essayait de m'amadouer. « Je suis prêt à quitter Lorna, et à me fâcher à vie avec Fred. » Je le regarde. Je veux lui demander s'il est sérieux. Mais il l'est. Il ne l'a certainement jamais autant été, peu de doute là-dessus. « Si tu me le demandes, j'explique tout à Lorna ce soir. » Il me fixe. Il attend. « Et pourquoi ferais-tu cela ? » Il ne m'aime même pas, je ne crois pas en tout cas. Il ne répond rien. Il demande : «Alors?» Et c'est à mon tour de ne rien répondre. De n'avoir aucune idée de ce qu'il faut décider là, tout de suite. Je ne veux pas l'insulter par des atermoiements. Ça doit être oui ou non. J'en ai conscience. Demander à réfléchir, vouloir ergoter sur l'urgence de tout avouer, ça serait tellement médiocre, tellement sale après ce qu'il vient de me confier. J'aime l'avoir en moi, et ça chaque jour, j'aurais du mal à m'en passer maintenant. Mais répondre à sa question, je ne sais pas : il y a Fred, il y a Lorna. Alors il m'aide, et il gâche tout. Tout de nos derniers jours. Car il dit : «Je quitte Lorna, mais on se barre de ce coin.» Le chœur. Le chœur est revenu.

« Marc est tombé du toit ! » C'est Luka qui me crie cela. Ça vient de se passer. Sevara est avec lui, elle vient pour garder la petite et me libérer. Luka me presse. Nous courons. Moi pas aussi rapidement que je voudrais. « De haut ? » Luka ne m'entend pas. Il trace aussi vite qu'il peut et vérifie de temps à autre si j'arrive à suivre. Je connais déjà la réponse. « L'église ! » Comme si on pouvait survivre à une chute de quinze mètres. « Il t'a parlé ? » Je crie et je voudrais tant qu'il me réponde oui. Il ne se retourne même pas. « Je crois que c'est très grave, il finit par me dire. Il ne peut plus bouger ! » Je ne peux rien faire, une sage-femme ne sait pas réparer une colonne vertébrale, personne ne sait vraiment d'ailleurs. Quand j'arrive, Marc est sans aucun mouvement, inconscient.

Je suis tétanisée. Luka me regarde. Il attend que je fasse quelque chose, mais c'est trop dur, je pleure de tout mon corps. «Tu le soignes pas?» Je voudrais tant! Je réussis quand même à vérifier qu'il respire encore, et au bout d'un temps de dingue je fais enfin les premiers gestes. Il ouvre les yeux. Un miracle. Je lui ordonne de ne surtout pas bouger. Il veut parler, mais il ne peut pas. Il me regarde de son beau regard de brute, et à la façon dont il m'observe je comprends tout. Je comprends que ça n'a rien d'un accident. Que c'est exactement ce qu'il voulait faire, et j'ai envie de lui déchirer la peau tellement ce geste est con, et débile, et salaud. Comme s'il me suivait dans ma pensée, j'ai l'impression qu'il acquiesce, qu'il me confirme tout ce que j'ai deviné, qu'il me dit que c'est pour moi qu'il a fait ça, que c'était la seule chose à faire, *tu entends, Sarah? la seule chose à peu près sensée à faire.* J'ai mes mains sur lui, désormais immobiles, inutiles, totalement dépassées. Je le caresse de tout mon amour, j'espère tant qu'il puisse sentir combien je l'aime et combien je le hais, je voudrais le sauver, je voudrais l'aimer à la hauteur débile de ce qu'il vient de faire. Et je me résous, parce qu'il n'y a rien d'autre à

Sarah

faire, et qu'il m'a totalement piégée, à dire à Luka d'aller vite appeler Fred et Alessandro.

Fred arrive un petit quart d'heure après, Alessandro sur ses talons. Fred me regarde totalement affolé, cherche dans mes yeux une solution, mais il m'en demande trop. Je me contente de hocher la tête, non je ne peux rien faire. C'est déjà un miracle qu'il soit vivant. Il se penche sur Marc, je lui crie de faire attention. Il essaie de le toucher, il se ravise. Il regarde le ciel. Il regarde partout le ciel. Il cherche un drone, mais il n'y en a plus ! et il n'y en aura pas. Fred dit à Alessandro : « Cours à la maison de liaison ! » Luka s'en mêle : « On peut prendre la moto pour les premiers kilomètres, viens avec moi ! » Fred dit : « Oui, la moto, c'est bien, ça va te faire gagner une heure ! » Si Alessandro court vite et s'il ne se perd pas, il y sera avant la nuit.

Mon temps est désormais compté. Pourtant je ne parviens pas à me détacher du visage de Marc. Je ne sais pas s'il nous voit vraiment, Fred et moi, s'il sent tout l'amour qu'on a pour lui. Mais je ne peux guère attendre. Quand l'hélicoptère sera là, ce sera bien trop dangereux pour moi. Je fixe Marc à la recherche du moindre signe. On dirait qu'il veut me sourire, mais je réalise que tout ça, c'est dans ma tête. Dans son état, il est loin du moindre sourire, de la moindre pensée. «Il a fait ça pour moi.» Je le dis à Fred, car il doit savoir. «Il s'est jeté exprès du toit, ce n'est pas un accident.» Fred ne m'écoute pas. Je lui redis. Il me regarde, atterré. «Il ne peut pas te le dire, mais je te jure que c'est vrai.

— Tu deviens folle!» qu'il me dit, et il regarde de nouveau son ami, puis moi. Il m'observe comme il observerait une possédée. Tout à coup, quand il finit par admettre que j'ai peut-être raison, ses yeux deviennent méchants. Comme si je l'avais poussé du toit. «Me fixe pas comme ça, c'est sa décision, Fred, j'y suis pour rien!» Il hausse les épaules. Pour lui, à ce moment, je ne suis plus grand-chose. Une pauvre fille, un empêchement. Il se rapproche encore de Marc. Il le réconforte: «Tiens bon, camarade, ils vont t'envoyer l'hélico.»

Je ne peux plus attendre. J'espère de tout mon cœur que Marc me pardonnera de l'abandonner ainsi. Je voudrais qu'il comprenne que je ne peux rien faire d'autre. C'est lui qui a donné le ton. Et c'est à moi de continuer dans le même absolu. Je voudrais me gorger de son visage, de ses yeux. Pour la dernière fois que je le vois. Je lui en veux de réduire à ces quelques secondes pressées ce qui aurait dû durer des années. « Tu es un salaud, mais je t'aime », voilà ce que je lui dis dans ma tête. Le jour commence déjà à tomber. L'hélico n'arrivera jamais à se poser, si on n'allume pas des feux. Je le dis à Fred. Il veut bien m'entendre. « Et Lorna, quelqu'un l'a prévenue ? demande-t-il.

— Tu préviendras Lorna quand tu auras balisé. Ce sera bien assez tôt. » Il part mobiliser les Ouzbeks, je sais que c'est le moment. « Je vais devoir y aller, Marc. Tu me comprends, hein ? Je sais que tu me comprends. » J'embrasse son visage, et ce sera fini. Je touche ses épaules qui étaient si fortes, et je m'arrache de lui dans une douleur immense. C'est donc la fin de notre monde, mais ce ne doit pas être la fin de Victoire. Je cours vers la maison. J'ai à peine quitté Marc que je veux revenir à lui, pour le veiller encore. Je me convaincs que c'est inutile, que maintenant c'est une course contre la montre, pour lui, pour moi. Mon beau soldat qui s'est trompé de camp. Je ne lui en veux pas, comment pourrais-je ? Mais maintenant que tout est précipité, c'est à moi d'agir.

Arrivée à la maison, je renvoie Sevara. Elle ne veut pas. Je ne veux pas me fâcher avec elle, il faut juste qu'elle parte, qu'elle me laisse seule avec l'enfant. Je suis la mère. Personne d'autre. Elle finit par partir. Elle me dit : « Tu fais pas la bêtise, hein ? » Je ne sais pas ce qu'elle veut dire. Je la laisse quitter la maison. Elle se retourne souvent. Je lui fais des signes : « Ça va, ça va, pars maintenant ! » Elle finit par dégager. Alors je la prends. Il commence à neiger, nous n'avons pas beaucoup de temps pour nous cacher. Dans la maison et sa cave, ce n'est plus la peine. Sevara serait capable de cracher le morceau. Dans la montagne, ils ne nous trouveront pas. Si je cours vite, avant la neige, c'est impossible pour eux. Je la prends, je l'habille. Moi aussi, je m'habille, pas trop, il faut que je puisse courir. Aucune combinaison, aucun matériel, il faut que je trace malgré ma cheville blessée. Avant la neige. Elle ne pleure pas. On est dehors maintenant. Il y a déjà un peu de blanc, et mes pas marquent le chemin. Je dois m'en éloigner, fuir le chemin. Je dois courir longtemps. Courir dans les terres où ils ne me trouveront pas. Dans les terres où d'habitude on ne court pas. Où l'hélicoptère ne pourra pas approcher. Je fais attention à cela. À avoir des arbres au-dessus de moi. Je cherche le cœur de la forêt. Je suis déjà en nage. Et comme je n'ai plus la force de courir, j'ai froid.

Sarah

Il fait noir maintenant, c'est déjà ça. Elle ne dit rien. Elle a fermé les yeux. Avant, elle a tout regardé, elle m'a regardée de ses grands yeux. Rien, elle n'a rien dit, elle m'a laissée courir. J'ai couru pour elle. Je ne vois plus rien. Je n'ai pas pris de torche. Je ne reconnais pas l'endroit, jamais on n'est venus là avec Fred. À ce moment, cela ne sert plus à rien d'avancer. Là ou ailleurs, cela ne change plus rien, c'est pareillement perdu. J'entends l'hélicoptère. Je me replie. Je me mets au sol. Je nous recouvre de neige, tant pis si c'est froid. L'hélicoptère ne s'attarde pas. Il ne nous cherche pas. Nous sommes perdues. Ils ne nous retrouveront pas. Je lui donne du lait, elle n'en veut pas. Sa tête ne bouge pas, elle dort dans le froid. Elle n'est pas compliquée. Avec Victoire, ça n'a jamais été compliqué. J'observe son visage. Ses petites paupières sont adorables. Menus coquillages. De mers lointaines, de mers d'Asie. Je les embrasse. Les caresse du bout de la langue. Leur nacre est soyeuse. Je découvre son visage. Son visage enfin libéré. Il n'est pas moins beau. Simplement différent. C'est un visage triste et gai. Un peu figé par le gel qui gagne, alors je lui demande de rester avec moi. Elle a une toute petite contraction. Un infime soupir.

Qui n'est qu'à elle. Et c'est comme si elle me répondait. «Moi? Tu es sûre?» «Oui, je suis sûre.» «Ici? Dans cette forêt? Sous cette neige?» «N'importe où, mais reste avec moi.» Je la supplie : «Adèle, s'il te plaît, encore un instant.» C'est beau de dire les prénoms dans ces moments-là. «Adèle.» Je dis le prénom, je le dis plusieurs fois, pour la toute première fois je crois, je le répète vite puis lentement, et je chante une comptine, une comptine pour Adèle. Puis je hurle. Je hurle pour les autres.

Épilogue

Au cimetière, depuis l'accident, on n'entend plus la route. Il n'y a plus ce flux, oh pas si important, de la départementale qui rompait le silence. Depuis, c'est un son blanc, homogène, où on chercherait en vain le moindre bruit, où même les arbres s'assourdissent. Pareillement, on n'entend plus le rire des gosses sur le terrain de basket, un peu en contrebas, et la résonance du ballon projeté sur le panneau et le cercle, assénée plusieurs fois par minute, a elle aussi cessé.

Pendant qu'ils s'affairent autour de la tombe, je divague dans le cimetière, je remets en place une plaque tombée, il n'y a plus de fleurs depuis longtemps, les dernières, c'est moi qui les ai apportées. Je passe dans les allées. Je m'arrête sur quelques visages, des personnes que je n'ai pas connues de leur vivant, mais dont le médaillon m'est familier. J'épelle leur nom. Je leur dis que je les laisse.

J'ai le flingue en poche. Il a été dans ma bouche. L'histoire d'une seconde qui n'est jamais venue. Ma tête renversée au sol, les yeux fermés, l'horizon doux de mes filles qui baignait mes paupières. Sous une pluie infime, presque une neige fondue, un goutte-à-goutte loin d'être agaçant, une longue pensée, et le calme qui s'était fait, comme si la nature s'était enfin accordée, et qu'elle attendait mon premier trait. Mais rien ne s'est orchestré. J'ai balancé le flingue, et le lendemain je suis allée le ramasser. *Pas qu'un gosse tombe un jour dessus*. Le pire, c'est que cette phrase foireuse, je l'ai vraiment pensée.

Les bruits de pioche et de bêche se sont arrêtés. Ils vont pouvoir desceller et entrer dans le caveau. C'est Ilhom, le frère aîné de Luka, qui est à la manœuvre. Soudain, ils suspendent leurs gestes. Ils se raidissent et se tiennent la main, Luka me cherche des yeux. Je crois qu'ils prient. Ils se recueillent avant de pénétrer.

Le petit cercueil de bois luisant attend sur deux tréteaux. Ils l'ont façonné du mieux qu'ils pouvaient. Ils lui ont ajouté un petit liseré blanc et un autre, rose. Les deux liserés s'enlacent tout au long du bois. Sevara a

Épilogue

peint quelques fleurs, de très jolies fleurs qui égayent bien le petit caisson.

Le cercueil de Vic est maintenant complètement hors de terre. Très abîmé. Je veux m'en rapprocher, mais Luka se jette sur moi, et m'en empêche : «Non, amie, laisse-nous faire.» Je résiste, il a pourtant raison. «C'est mieux. C'est mieux qu'on fait nous. On le fait pour toi. On le fait pour Sarah. C'est notre…» Il cherche ses mots. Il finit par dire : «C'est notre plaisir de le faire pour vous.» Il me fait faire demi-tour. «On t'appelle dès qu'on a fini.» Avant de transférer Vic, ils s'arrêtent de nouveau, longtemps, puis je ne les regarde plus. Je ne veux pas voir.

On rentre. On a du mal à mettre le cercueil à l'arrière de la voiture, elle n'est pas faite pour cela. Ils s'y essaient à plusieurs reprises sans succès. Ils n'osent rien dire, et ne veulent pas s'énerver. Pas devant moi, pas en présence de Vic. Leurs gestes sont empruntés. Ilhom finit par démonter le siège, il y met toute sa force, et le fait valdinguer à terre. Il y a maintenant la place. Ils installent le nouveau cercueil avec une infinie douceur. Puis Ilhom se met au volant, et nous on suit la voiture à pied. Luka saisit ma main.

Quand on atteint la maison, Sarah est avec Adèle sur le pas de la porte. Elle voit notre cortège, elle se met tout à coup à genoux, Adèle bien blottie dans ses bras, Sarah à genoux comme une maman effondrée. Sevara et Maria ne sont pas loin, mais elles ne font rien. Elles savent. Elles se tiennent prêtes à prendre Adèle quand la douleur de Sarah sera trop forte, qu'elle sera prostrée sur le seuil, ou quand elle se jettera sur le petit cercueil. Elles se tiennent prêtes à ce qui va arriver, à ce qui doit arriver.

Le silence encore. Notre silence. Les chiens continuent d'aboyer dans le lointain. Dans un trouble qui n'aura de cesse. Entre chiens et loups. Une rumeur qui enfle et rarement s'adoucit, pareille à la désespérance d'un chenil, pareille à l'effroi d'une meute soudain perdue aux confins du monde. Il faudra se rappeler le silence. Longtemps.

La maison est bouclée. Alessandro et Lorna ont fait pour nous tout ce que les autres avaient fait, ils l'ont fermée proprement, comme si on allait y revenir un jour. Comme une simple demeure de vacances, qu'on cadenasse au dernier jour de l'été. Les deux partiront demain, ou un peu plus tard. Les Ouzbeks ne partiront pas, pas tout de suite en tout cas. Ils veilleront encore sur ces terres animales.

Du même auteur :

Ce qu'il faut de nuit
(prix Stanislas, prix Femina des lycéens)
La Manufacture de livres, 2020 ;
Le Livre de Poche, 2021

Ainsi Berlin
La Manufacture de livres, 2021 ;
Le Livre de Poche, 2022

Retrouvez
LAURENT PETITMANGIN

PAPIER CERTIFIÉ

Composition réalisée par Lumina Datamatics, Inc.

Imprimé en décembre 2024 en France par
MAURY IMPRIMEUR – 45300 Manchecourt
Dépôt légal 1re publication : janvier 2025
N° d'impression : 281656
LIBRAIRIE GÉNÉRALE FRANÇAISE
21, rue du Montparnasse – 75298 Paris Cedex 06
marketing@livredepoche.com

28/1535/7